Facharbeit leicht gemacht

für die berufliche und allgemeinbildende Oberstufe

von
Dr. Karola Grunwald
Thomas Helldörfer
Undine Seifert

Handwerk und Technik • Hamburg

Vorwort

Eine gute Facharbeit beziehungsweise Seminararbeit zu planen und zu verfassen, ist eine Herausforderung für jede Schreibende und jeden Schreibenden.

Die einzelnen Schritte – von der Themenwahl, über die Zeitplanung, bis hin zur korrekten Ausführung und Präsentation – wollen gut durchdacht sein.

Alles Wissenswerte rund um das Thema Fach- beziehungsweise Seminararbeit wird in sieben Kapiteln schrittweise sowie klar und kompakt erläutert:

- Anforderungen an die Fach-/Seminararbeit
- Themenwahl, Zeitmanagement
- Recherche und Materialbeschaffung
- Materialsichtung und Auswertung der Quellen
- Aufbau, inhaltliche Ausarbeitung, Zitate und Quellenangaben
- Präsentation und Disputation
- Bewertungskriterien

Mit diesem Leitfaden kommen Sie sicher an Ihr Ziel!

ISBN 978-3-582-01434-4 Best.-Nr. 1434

Verlag Handwerk und Technik GmbH,
Lademannbogen 135, 22339 Hamburg; Postfach 63 05 00, 22331 Hamburg – 2020
E-Mail: info@handwerk-technik.de – Internet: www.handwerk-technik.de

Satz und Layout: pagina GmbH – Publikationstechnologien, 72070 Tübingen
Umschlagmotiv: Shutterstock Images LLC, New York, USA: wavebreakmedia
Druck: Himmer GmbH Druckerei & Verlag, 86167 Augsburg

Inhalt

Bildquellenverzeichnis

akg-images GmbH, Berlin: S. 29/1 (Science Source),2 (Fototeca Gilardi),3 (NordicPhotos),4 (Album),5; 65 (Michael Teller); 76/2
dpa Picture-Alliance GmbH, Frankfurt a. M.: S. 44; 45; 47; 76/3 (PantherMedia)
Fotolia Deutschland, Berlin, © www.fotolia.de: S. 16 (Robert Kneschke); 26/2–4 (jehafo); 70 (Trueffelpix)
GeraNova Bruckmann Verlagshaus GmbH, München: S. 58/2
iStockphoto, Berlin: S. 20 (joingate); 76/1 (damircudic)
Körber-Stiftung, Hamburg: S. 58/1
Shutterstock Images LLC, New York, USA: S. 8 (Gunnar Assmy); 9 (Iakov Filimonov); 11 (Joana Lopes); 12 (RobertKuehne); 14 (Dean Drobot); 18 (13_Phunkod); 19 (13_Phunkod); 26/1 (Caftor); 27 (KingTa); 32 (MSSA); 34/1 (SoleilC),2 (best4u),3 (best4u),4 (microtic),5 (browndogstudios),6 (rawiwano); 35/1 (Vladvm),2 (Aliceinchains); 37 (Katsiaryna Pakhomava); 46 (Ron Leishman); 49 (Wayhome Studio); 69 (SeventyFour); 77 (Jovanovic Dejan); 84 (Syda Productions)
Verlagsgruppe Random House GmbH, München: S. 41; 61

1 Anforderungen

Eine Seminar-/Facharbeit – was ist das überhaupt?

Das Schreiben einer Seminar-/Facharbeit bedeutet für die meisten den ersten Einblick in das Gebiet wissenschaftlichen Arbeitens. Ziel der Seminar-/Facharbeit ist es, sich mit den für das Studium an einer Universität bzw. Hochschule erforderlichen Techniken vertraut zu machen und sich diese anzueignen.

Aufgrund der Kulturhoheit der Länder und der unterschiedlichen schulpädagogischen Konzepte unterscheiden sich die Vorgaben für Seminar-/Facharbeiten in den einzelnen Bundesländern. So variiert die Bearbeitungszeit je nach Bundesland zwischen einer Woche und vier Monaten und auch die Anforderungen an den Umfang der schriftlichen Arbeit sind sehr unterschiedlich (Maximum: 40 Textseiten). Einige Schulen haben zudem ihren eigenen Leitfaden erarbeitet, der das Erstellen der Arbeiten erleichtern soll.

Hinweis:
Als Kulturhoheit der Länder bezeichnet man deren Gesetzgebungszuständigkeit für das Schul-, Hochschul- und sonstige Erziehungswesen.

Anforderungen an wissenschaftliches Arbeiten

Trotz der genannten Unterschiede wollen alle Seminar-/Facharbeiten jedoch nur eines erreichen: die Annäherung an die wissenschaftliche Arbeitsweise an Universität bzw. Hochschule. Dabei sind folgende Begriffe von grundsätzlicher Bedeutung:

- **eigenständig** = selbstständige Auseinandersetzung mit einem Thema
- **systematisch** = klare gedankliche Strukturierung und Darstellung
- **nachvollziehbar** = Überprüfbarkeit der dargebotenen Fakten und Theorien
- **objektiv** = ausgewogene Auswahl der Quellen unter Berücksichtigung unterschiedlicher Standpunkte

Aus diesen Grundsätzen lassen sich für die Anfertigung einer Seminar-/Facharbeit die folgenden Einzelanforderungen ableiten:

- Sie planen sorgfältig und eigenständig Ihre Arbeit unter Beachtung der formalen und terminlichen Vorgaben.
- Sie wenden die verschiedenen Möglichkeiten der Informationsbeschaffung zeitökonomisch und problem- bzw. lösungsorientiert an.
- Sie strukturieren themengerecht Informationen und Materialien und werten diese objektiv und nachvollziehbar aus.
- Sie überprüfen verschiedene Lösungsansätze.
- Sie bemühen sich um eine sprachlich angemessene, schriftliche Darstellung.
- Sie scheuen sich nicht, mehrmals Überarbeitungen vorzunehmen.
- Sie lernen wissenschaftliche Arbeitsmethoden zu beherrschen (z. B. Zitiertechniken, Literaturnachweise, Versuchsbeschreibungen, Interviews etc.).

Hinweis:
Da für die beiden Bezeichnungen **„Seminararbeit"** und **„Facharbeit"** dieselben Arbeitstechniken gelten, werden diese im weiteren Verlauf nicht weiter differenziert. Stattdessen wird in den folgenden Kapiteln einheitlich die Formulierung „Facharbeit" verwendet.

Aufgaben:

1. a) Recherchieren Sie im Internet, welche Vorgaben für Seminar-/Facharbeiten es in den verschiedenen Bundesländern gibt.
b) Vergleichen und diskutieren Sie die unterschiedlichen Anforderungen in der Klasse.

2. Überlegen Sie mit Ihren Mitschülerinnen und Mitschülern, welche Vorarbeiten für Seminar-/Facharbeiten erforderlich sind.

2 Erste Schritte

2.1 Themenwahl

Tipp:
Der rechtzeitige Austausch mit Ihren Lehrkräften ist bereits bei der Themenwahl sehr wichtig, um spätere Missverständnisse zu vermeiden.
Vordruck für ein Gespräch mit der betreuenden Lehrkraft → siehe S. 51

Für Ihre Facharbeit stehen Themen aus den unterschiedlichsten Fachbereichen zur Auswahl. An vielen Schulen hängen Listen mit Themenvorschlägen aus, die in Ruhe studiert werden sollten, um sich für das passende Thema zu entscheiden. Es ist aber auch möglich, mit der jeweiligen Fachlehrerin bzw. dem Fachlehrer gemeinsam einen Themenvorschlag zu erarbeiten.

Beispiel: Mögliche Themen für die Facharbeit
Die folgende Vorschlagsliste einer Schule zeigt die Vielfalt an Auswahlmöglichkeiten, die Ihnen bei der Themensuche für Ihre Facharbeit zur Verfügung stehen kann:

Fachbereich Deutsch
- Jugendsprache in literarischen Werken unserer Zeit
- Poetry Slam in Chemnitz – ein Spiegel unserer Zeit
- Gesellschaftskritik in Kriminalromanen der DDR
- Antike und Antikes in der „Faust-Dichtung"

Fachbereich Mathematik/Physik
- Escher-Parkettierungen – Mathematik in der Kunst
- Einführung in die Differenzialrechnung mit dem CAS
- Experimentelle Bestimmung der kryoskopischen Konstante von Wasser

Fachbereich Wirtschaft
- Der Businessplan – erklärt anhand eines selbst gewählten Beispiels
- „Best of Class" – 5S-Arbeitsgestaltung am Beispiel Siemens AG Bad Neustadt

Fachbereich Geschichte/Sozialkunde
- Hexen in Zeil – Mechanismen der Verfolgung von Minderheiten in Unterfranken
- Reichsstädte und Dörfer in Franken
- Migration aus der Fremde in die Fremde am Beispiel der eigenen Familie
- Sprache der Politik im Wahlkampf – dargestellt an zwei verschiedenen Zeitungen (z. B. „Der Spiegel", „Bild")

Fachbereich Psychologie
- Wirkung unterschiedlicher Erziehung und Bildung im Unterricht auf der Basis eines Menschenbildvergleiches
- Gesundheit und Krankheit als Prozessgeschehen am Beispiel der Genese einer psychischen Störung

Wichtige Fragestellungen bei der Themenfindung
Stellen Sie sich folgende Fragen, um zu einem brauchbaren Arbeitsthema zu gelangen:
- **Was interessiert mich am Thema besonders?** Eigenes Interesse ist Voraussetzung für eine gelungene Arbeit. Wählen Sie kein Thema, zu dem Sie keinen persönlichen Bezug haben!

- **Ist das Thema innerhalb der vorgegebenen Zeit zu bearbeiten?** Sie sollten sich nicht übernehmen, aber die Arbeit sollte inhaltlich auch nicht zu „dünn" sein – ein vernünftiges Augenmaß ist hier wichtig.
- **Ist das Thema im vorgegebenen Umfang ansprechend zu bearbeiten?** Grenzen Sie das Thema so ein, dass es innerhalb der vorgegebenen Seitenzahl inhaltlich solide abzuhandeln ist.
- **Ist ein deutlicher Neuheitswert erkennbar?** Sie sollen mit Ihrer wissenschaftlichen Arbeit zu neuen Erkenntnissen gelangen, nicht aus drei bereits vorhandenen Facharbeiten eine neue „zusammenschreiben".
- **Entspricht das Thema den inhaltlichen und formalen Vorgaben der Schule?** Lassen Sie sich das gewählte Arbeitsthema von Ihrer betreuenden Lehrkraft bestätigen, um unangenehmen Überraschungen vorzubeugen.

Tipp:
Überlegen Sie rechtzeitig, was Sie für die Bearbeitung des Themas alles brauchen. Dann haben Sie noch genügend Zeit, gegebenenfalls umzuplanen, falls es bei der Beschaffung der benötigten Arbeitsgrundlagen Probleme geben sollte.

Außerdem ist es wichtig, dass Sie Ihr Thema und die daraus folgende Zielrichtung Ihrer Facharbeit richtig verstehen. Die folgenden Fragen können in diesem Zusammenhang hilfreich sein:

- Was liegt meinem Thema zugrunde (z. B. wissenschaftliche Theorie, literarische Quellen und Texte, allgemeingültiges Problem)?
- Welchen Arbeitsschwerpunkt möchte ich setzen? Basiert dieser auf der Analyse und Auswertung wissenschaftlicher Quellen und Texte, auf experimentellen Versuchen, auf empirischer Forschung, auf der handlungsorientierten Planung und Ausgestaltung eines bestimmten Projektes oder auf einer Ausarbeitung im kreativ-gestalterischen Bereich (z. B. Kunst, Musik)?
- Soll ich einen bestimmten Sachverhalt darstellen, problematisieren, analysieren oder vergleichend abhandeln?
- Soll ich Hypothesen gegeneinander abwägen oder verifizieren?

empirische Forschung = systematische Erhebung, Auswertung und Interpretation von Daten

problematisieren = die Problematik von etwas aufzeigen

Hypothese = unbewiesene Annahme

verifizieren = durch Überprüfen bestätigen

Eingrenzung des Themas

Jedes Thema enthält in der Regel ein oder mehrere Schlagworte. Sorgen Sie zunächst für einen groben Überblick über Umfang und wesentliche Aspekte Ihres Themenbereiches, indem Sie diese Schlagworte im Internet recherchieren oder in (Fach-)Lexika oder Handbüchern heraussuchen. Viele Einträge enthalten weitere Schlagworte und Querverweise, die mit Ihrem Thema in Verbindung stehen und Sie auf neue Fragestellungen und Zusammenhänge hinweisen können (Schneeballsystem, siehe S. 16). Schreiben Sie diejenigen Aspekte heraus, die Ihnen sinnvoll und wichtig erscheinen, und grenzen Sie, falls nötig, das Thema zusammen mit Ihrer betreuenden Lehrkraft ein.

Mithilfe präziser Schlagworte und einer konkreten Vorstellung von Umfang und Abgrenzung Ihres Themas vermeiden Sie es, bei Ihrer Recherche in einer Flut aus Informationen zu ertrinken und bei der inhaltlichen Ausarbeitung den Überblick zu verlieren. Eine gute Themenwahl ist daher der erste Schritt zu einer gelungenen Facharbeit!

Aufgaben:

1. Suchen Sie aus dem Themenkatalog auf der vorherigen Seite ein Thema aus, das Ihnen besonders zusagen würde.
2. Entscheiden Sie, ob die Themen den Anforderungen einer Facharbeit entsprechen, die in einem Schulhalbjahr im Umfang von 10 Seiten zu schreiben ist.
3. Formulieren Sie diejenigen Themenvorschläge, die Ihnen ungeeignet erscheinen, in geeignete um.

2.2 Zeitmanagement

Tipp:
Bereits in der Planungsphase sollten regelmäßige Treffen mit der betreuenden Lehrkraft stattfinden.

Eine gute, ökonomische Zeiteinteilung ist eine ganz entscheidende Voraussetzung, um eine Facharbeit fristgerecht und erfolgreich zu erstellen.

Fünf vor zwölf

Da in den verschiedenen Bundesländern die zeitlichen Vorgaben für Themenwahl, Beratungsgespräche und das eigentliche Schreiben der Arbeit unterschiedlich ausfallen, kann hier kein allgemeingültiger Zeitplan empfohlen werden.

Modul = Unterrichtsbaustein

An einigen Schulen werden die ersten fünf Wochen nach der Themenwahl von einer Seminarphase begleitet, in deren Verlauf die wichtigsten Grundlagen für wissenschaftliches Arbeiten in Modulen vermittelt werden (z. B. Literatursuche, Zitiertechnik, Textverarbeitung). Am sogenannten „Präsentationstag" wird dann der aktuelle Stand der Arbeit der Seminargruppe und der betreuenden Lehrkraft vorgestellt und von diesen bewertet. Für die restliche Erstellung der Arbeit bleiben dann noch zwei Monate.

Ganz egal, unter welchen Vorgaben Sie Ihre Arbeit schreiben müssen: Sobald Sie sich für ein Thema entschieden haben, sollten Sie einen individuellen Zeitplan für die einzelnen erforderlichen Arbeitsschritte entwerfen (siehe S. 10 f.).

Hinweis:
Besonders Umfragen, Interviews oder eigene Experimente kosten sehr viel Zeit. Aber auch wissenschaftliche Arbeiten können „Zeitfresser" sein.

Wichtige Hinweise zur Zeitplanung:

- Beginnen Sie unverzüglich mit der Literaturrecherche und Materialbeschaffung (siehe Kapitel 3).
- Räumen Sie sich für das Lesen und die Auswertung des Materials etwa die Hälfte der gesamten vorgegebenen Arbeitszeit ein.
- Legen Sie möglichst genau fest, welche Aufgaben Sie wann erledigen wollen und setzen Sie sich zeitliche Limits für die Fertigstellung von Teilaufgaben.
- Berücksichtigen Sie in Ihrer Wochenplanung alle festen Termine und tragen Sie diese ein (z. B. Schultermine, Arzttermine, Sportverein, Musikschule, Nebenjob).
- Planen Sie die täglichen Arbeitsphasen nicht zu kurz (ca. zwei Stunden je Arbeitseinheit).
- Vergessen Sie nicht, Zeiten für alltägliche Verrichtungen oder Verpflichtungen einzuplanen (z. B. Körperpflege, Essen, Haushalt, Haustier).
- Berücksichtigen Sie einen zeitlichen Puffer für Unvorhersehbares (z. B. Krankheit, Schreibblockaden, technische Probleme, private Termine).
- Reservieren Sie am Ende der Schreibphase ausreichend Zeit für Korrekturarbeiten (siehe S. 59).
- Gönnen Sie sich zwischendurch immer wieder Erholungsphasen.
- Gestalten Sie Ihre Wochenplanung möglichst abwechslungsreich. Sorgen Sie z. B. für einen Ausgleich zwischen angenehmen und unangenehmeren Tätigkeiten, längeren Arbeitsphasen und entsprechenden Pausen oder Belohnungen.
- Planen Sie realistisch und erstellen Sie einen persönlichen Zeitplan, den Sie nicht nur einhalten können, sondern auch einhalten wollen.
- Versuchen Sie, Ihren Zeitplan möglichst konsequent einzuhalten. Wenn Sie merken, dass Sie Ihr Arbeitspensum nicht innerhalb der vorgesehen Zeiten bewältigen können, müssen Sie Ihre Planung gegebenenfalls anpassen.

Manchmal läuft es einfach nicht ...

Tipps für den Umgang mit Schreibblockaden

Jeder Mensch, der schon einmal eine längere Arbeit verfasst hat, kennt die Gefahr von Schreibblockaden. Man sitzt stundenlang am Schreibtisch und kommt einfach nicht weiter. Sollten Sie in eine solche Blockade geraten sein, probieren Sie es mit folgenden Abhilfemöglichkeiten:

- Flüchten Sie nicht in Ausweichtätigkeiten (z. B. Zimmer aufräumen, einkaufen gehen, Social Media checken etc.) – hierdurch verlagern Sie das Problem nur zeitlich nach hinten.
- Wechseln Sie eventuell an einen anderen Arbeitsort, an dem Sie in Ruhe arbeiten können (z. B. Lesesäle in Bibliotheken, schulische Arbeitsräume).
- Rufen Sie sich ins Gedächtnis, was Sie schon an Arbeitsschritten bewältigt haben.
- Stecken Sie sich kleine „Etappenziele".
- Belohnen Sie sich für bereits Erledigtes (z. B.: „Ich gehe jetzt in die Stadt shoppen.").
- Grenzen Sie Arbeit und Freizeit klar voneinander ab (z. B.: „Heute gönne ich mir einen freien Tag!").
- Verabreden Sie sich mit einer Mitschülerin oder einem Mitschüler zum gemeinsamen Arbeiten.

Aufgaben:

1. Überlegen Sie sich für Sie passende Maßnahmen, die Ihnen bei mangelnder Arbeitsdisziplin oder im Falle einer Schreibblockade am besten helfen könnten.

2. Fertigen Sie eine Mindmap an, auf der Sie alle erforderlichen Arbeitsschritte zur Bearbeitung Ihres Themas festhalten – von der Themenfindung bis hin zur Abgabe der fertigen Facharbeit. Diese Vorarbeit hilft Ihnen anschließend bei der Erstellung eines konkreten Arbeitsplans (vgl. S. 10 f.).

Arbeitsschritte planen

Bevor Sie mit der Ausarbeitung der Arbeit beginnen, sollten Sie in einem Arbeitsplan genau festlegen, wie viel Zeit Sie für die einzelnen Arbeitsschritte einplanen.

Beim folgenden Beispiel handelt es sich um das bereits im vorherigen Kapitel angesprochene Modell, bei dem die Anfangsphase der Facharbeit im Rahmen eines Seminars betreut und erarbeitet wird. Natürlich gibt es auch andere Vorgehensweisen.

Beispiel für einen Arbeitsplan:

April/Mai	Aushang der Seminararbeitsthemen
	genaue Analyse der verschiedenen Themenstellungen/Finden des eigenen Themas
	erste Kontaktaufnahme und Absprache mit der betreuenden Lehrkraft
	Erstellen eines erstes Grobkonzeptes
	Materialsuche bzw. Beginn erster Recherchen: z. B. Bibliotheksbesuche, Literaturbeschaffung, Internetrecherche
Juni	zwei Seminarsitzungen, gekoppelt mit Modulveranstaltungen
	Materialsichtung und -auswertung: z. B. Lektüre und Exzerpieren der Sekundärliteratur
	Durchführung notwendiger Umfragen oder Interviews
	Erstellen einer vorläufigen Gliederung
	weiteres Treffen und Beratung mit der betreuenden Lehrkraft
Juli	differenzierte Ausarbeitung einer Gliederung
	drei Seminarsitzungen, gekoppelt mit Modulveranstaltungen
	Ausarbeitung eines ausgewählten Gliederungspunktes (Probekapitel)
	Präsentationstag
August/September	Ausarbeitung der Arbeit inklusive Einarbeitung von Zitaten usw.
	Fertigstellung des Textes (Rohmanuskript)
	Erstellen eines Quellen- und Literaturverzeichnisses
	Textüberarbeitung/Reinschrift
	Schlusskorrektur
	Ausdrucken und Heften der fertigen Arbeit
Oktober	Abgabe der schriftlichen Facharbeit

Exzerpieren = Herausschreiben wichtiger Informationen → siehe Kapitel 4.3.4

Sekundärliteratur = Sach- und Fachliteratur, die sich wissenschaftlich mit anderen Texten (sog. Primärliteratur) auseinandersetzt → siehe S. 12

Präsentation → siehe Kapitel 6

Zusätzlich zu diesem „Gesamt-Arbeitsplan" stellt ein auf die persönlichen Umstände abgestimmter Wochenplan eine hilfreiche Ergänzung dar.

Monatsplaner in Form eines Whiteboards

Tipp:
Befestigen Sie Ihren Zeitplan gut sichtbar in der Nähe Ihres Arbeitsplatzes, damit Sie ihn ständig sehen können.

Hinweis:
Bei Bedarf können auch Tagespläne angefertigt werden. Natürlich sieht jeder Wochen- oder Tagesplan etwas anders aus.

Beispiel für einen Wochenplan (z. B. in der Seminarphase):

Zeit	Montag	Dienstag	Mittwoch	Donnerstag	Freitag	Samstag
08–10 Uhr	Lektüre und Exzerpieren der Sekundärliteratur	Seminarsitzung/Module	Durchführung eines Interviews	Seminarsitzung/Module	Ausschlafen	Erholungsphase
10–12 Uhr	Erledigungen in der Stadt				Lektüre und Exzerpieren der Sekundärliteratur	↓
12–14 Uhr	Mittagspause	Mittagspause	Mittagspause	Mittagspause	Mittagspause	
14–16 Uhr	Lektüre und Exzerpieren der Sekundärliteratur	privater Termin (z. B. Arzt, Friseur)	Auswertung des Interviews	Erledigungen von Aufgaben aus der Seminarsitzung	Einladung zu einer Geburtstagsfeier	
16–18 Uhr	Training	Erledigungen in der Stadt	Sammeln von Ergebnissen	Training		

Mithilfe eines Wochenprotokolls sollten Sie regelmäßig überprüfen, ob die im Wochenplan festgehaltenen Arbeitsschritte termingerecht umgesetzt wurden oder ob es zu Verzögerungen gekommen ist. Notieren Sie die Gründe für die Abweichungen und holen Sie das Versäumte möglichst nach. Passen Sie bei Bedarf Ihre weiteren Planungen den geänderten Voraussetzungen an und legen Sie neue Zwischenziele fest.

Aufgaben:

1. Überlegen Sie, ob der obige Wochenplan für Sie realistisch wäre.
2. Entwerfen Sie einen für Sie passenden persönlichen Wochenplan. Denken Sie dabei nicht nur an feste Termine, sondern auch an spontane Unternehmungen.

3 Recherche/Materialbeschaffung

3.1 Literaturrecherche

Das Schreiben einer wissenschaftlichen Arbeit umfasst einen längeren Zeitabschnitt und bedarf einer guten Planung (vgl. Kapitel 2). Sobald Sie ein Thema gefunden haben, beginnt die Suche nach geeigneten Arbeitsmaterialien.

Deutsche Nationalbibliothek Leipzig

Die Auseinandersetzung mit der verfügbaren Literatur hilft Ihnen dabei, sich gezielt und umfangreich über ein Thema zu informieren, eigene Thesen aufzustellen und diese argumentativ zu stützen. Dabei ist zu berücksichtigen, dass die Suche nach passender Literatur keinen abgeschlossenen, einmaligen Abschnitt darstellt, sondern oft parallel zum Schreiben der Arbeit erfolgen muss.

Hinweis:
Das Wort „Bibliothek" stammt aus dem Griechischen und bezeichnete in der Antike einen „Buch-Behälter". Erst seit dem 18. Jahrhundert wird mit dem Begriff ein Gebäude in Verbindung gebracht. Die größte Bibliothek der Welt mit über 170 Millionen Medien ist die British Library in London. Die Deutsche Nationalbibliothek mit ihren Standorten Leipzig und Frankfurt am Main steht mit 36 Millionen Medien auf Rang 10 der Liste der größten Bibliotheken der Erde.

Informationsquellen und Arbeitsmaterialien gezielt auswählen

Eine Fülle an Materialien kann in Bibliotheken gesichtet und in Bezug auf die Eignung für das Thema der Facharbeit geprüft werden. Weitere mögliche Informationsquellen für Ihre Recherche sind u. a. Museen, Archive, wissenschaftliche Institute, Hochschulen, Behörden, Vereine, Organisationen, Datenbanken, Experten und das Internet (siehe hierzu Kapitel 3.2).

Angesichts dieser Vielfalt an Informationsmöglichkeiten müssen Sie sich im Vorfeld genau überlegen, wo Sie die benötigten Informationen am ehesten erhalten und wie Sie diese an Ort und Stelle ausfindig machen (siehe Kapitel 3.1.3 und 3.1.4).

Monografie = umfassende wissenschaftliche Untersuchung einer Verfasserin/eines Verfassers zu einem bestimmten Thema

Enzyklopädie = Nachschlagewerk, in dem der gesamte Wissensstoff aller wissenschaftlichen Disziplinen oder eines bestimmten Fachgebiets in alphabetischer oder systematischer Reihenfolge dargestellt ist

Einteilung wissenschaftlicher Literatur:

- **Primärliteratur:** Dazu gehören Schriftstücke „aus erster Hand", die selbst zum Gegenstand wissenschaftlicher Forschung werden können (z. B. Originalwerke eines Schriftstellers/Philosophen oder Quellenwerke wie Regierungs- und Verwaltungsdokumente, Gesetzestexte, Urkunden, Chroniken, Gerichtsurteile, Tagebücher, Augenzeugenberichte). Auch wissenschaftliche Originalarbeiten, die wichtige Forschungsansätze und -ergebnisse sowie entsprechende Erläuterungen enthalten, zählen zur Primärliteratur (z. B. Dissertationen, Diplomarbeiten, Forschungsberichte, Artikel in wissenschaftlichen Zeitschriften, Konferenzbeiträge).
- **Sekundärliteratur:** Sie bezieht sich auf bereits vorhandene Primärliteratur und enthält weiterführende Erläuterungen, Analysen, Vergleiche und Interpretationen (z. B. Kommentare, Monografien, Abhandlungen).
- **Tertiärliteratur:** Sie enthält eine Zusammenstellung von Informationen aus vorhandener Primär- und Sekundärliteratur und eignet sich für einen ersten Überblick über ein Themengebiet (z. B. Lexika, Wörterbücher, Enzyklopädien).

Im Rahmen Ihrer Literaturrecherche stehen Ihnen zahlreiche verschiedene Publikationen zur Auswahl (siehe auch Kapitel 3.1.2). Sie müssen die verfügbaren Materialien allerdings sorgfältig prüfen und dabei beachten, dass nicht jede Veröffentlichung für die Bearbeitung Ihres Themas geeignet ist. Bei der Auswahl kommt es vor allem auf die Glaubwürdigkeit und Qualität der von Ihnen verwendeten Quellen und Informationen an – die Masse ist nicht entscheidend.

Publikation = veröffentlichtes Werk; Veröffentlichung

3.1.1 Analyse des Themas

Damit Sie in der Vielfalt der vorhandenen Informationsquellen sinnvoll recherchieren können, sollten Sie einige Vorüberlegungen zur inhaltlichen Ausrichtung Ihrer Facharbeit anstellen. Dabei geht es darum, herauszufinden, welche Grundgedanken, Fragen oder Umschreibungen sich mit dem gewählten Thema in Verbindung bringen lassen, und die entsprechenden Schlagworte übersichtlich festzuhalten.

Strukturieren von Themenschwerpunkten mithilfe einer Mindmap

Alle Begriffe, die als inhaltliche Schwerpunkte für die Bearbeitung Ihres Themas infrage kommen, sollten Sie als Schlüsselwörter mithilfe einer Mindmap grafisch erfassen. Eine gut durchdachte Mindmap kann Ihnen später auch als Vorlage für das Erstellen der Gliederung dienen.

Gliederung → siehe Kapitel 5.3.1

Beispiel: Mindmap zum Thema „Literatur im Barockzeitalter"

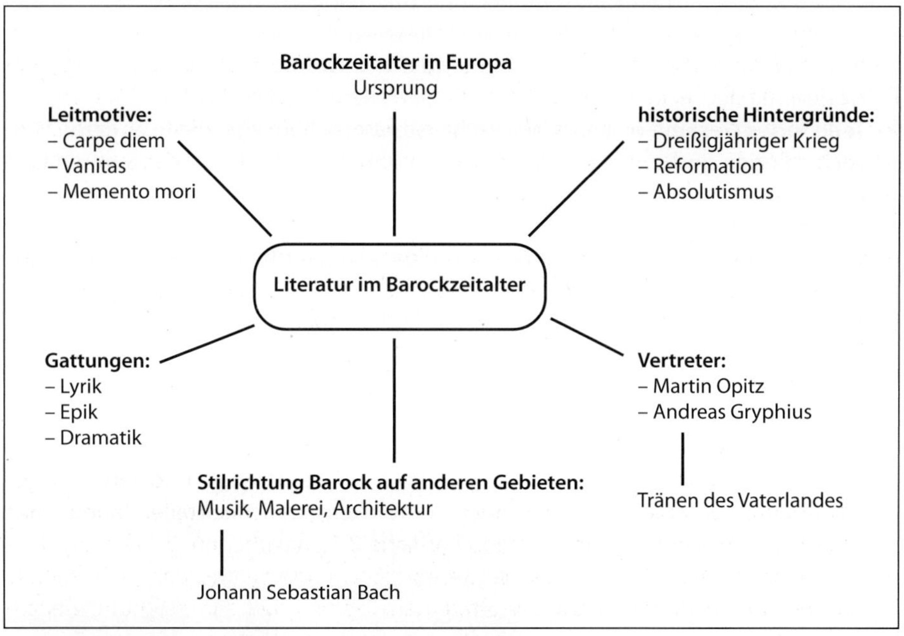

Mögliche Suchbegriffe zum Oberbegriff „Barock", z. B.: Barockdichtung, Barockliteratur, Barockmalerei, Barockmusik, Barocktheater, Barockzeit

Synonyme bzw. bedeutungsähnliche Wörter zu „barock", z. B.: ausschweifend, überladen, üppig, verschwenderisch, opulent, pompös

Fremdsprachige Begriffe für „Barock", z. B.: *baroque* (englisch; französisch), *barocco* (italienisch)

Aufgabe:

- Nennen Sie Vorteile und Grenzen einer Mindmap.

3.1.2 Publikationsformen

Hinweis:
Auf der Website der Deutschen Nationalbibliothek können alle in Deutschland erscheinenden Veröffentlichungen inklusive bibliographischer Angaben kostenfrei recherchiert werden.

Bei Ihrer Literaturrecherche können Sie auf folgende Publikationsformen zurückgreifen:

- **Bücher (Fachbücher, Lehrbücher, Sammelbände):** Bei Fachbüchern handelt es sich um ausführliche und auf ein Themengebiet spezialisierte wissenschaftliche Abhandlungen zu einem bestimmten Thema, während Lehrbücher einen breit gefächerten Überblick über ein Themengebiet vermitteln. Sammelbände enthalten Texte unterschiedlicher Autoren zu einem bestimmten Thema. Diese Einzelbeiträge sind oft sehr hilfreich als Grundlage für eine Diskussion und können dabei helfen, treffende Argumente zu finden.
- **Wissenschaftliche Arbeiten (Monografien, Dissertationen):** Eine Monografie beinhaltet eine umfassende wissenschaftliche Abhandlung zu einem speziellen Problem. Eine Dissertation (Doktorarbeit) hat das Ziel, durch die Bearbeitung eines bestimmten, bis dahin noch nicht bearbeiteten Themas, zu neuen wissenschaftlichen Erkenntnissen zu führen.
- **Regelmäßig erscheinende Werke (Fachzeitschriften):** Fachzeitschriften dienen der Veröffentlichung aktueller Forschungsergebnisse. Sie können dabei helfen, aufgestellte Thesen mit spezifischen Argumenten zu untermauern.
- **Tageszeitungen:** Hier finden sich Informationen, Hintergründe und Zahlenmaterial zu aktuellen Geschehnissen in Politik, Wirtschaft und Gesellschaft.
- **Lexika/Enzyklopädien/Wörterbücher:** Diese Nachschlagewerke enthalten Erläuterungen und Definitionen zu zentralen Begriffen.
- **Forschungsberichte:** Hierbei handelt es sich um Informationen, die spezifisches Wissen zu einem Thema präsentieren und zum Teil sehr aktuell sind.
- **Gesetzestexte/Rechtsverordnungen:** Diese amtlichen Veröffentlichungen enthalten rechtsverbindliche Regelungen, die der Ordnung des Zusammenlebens dienen.
- **Teile eines Gesamtwerkes:** Darunter versteht man Beiträge, die in anderen Werken zu finden sind, z. B. Aufsätze in Fachzeitschriften oder Beiträge in Sammelbänden.
- **Elektronische Veröffentlichungen:** Sie sind auf physischen Datenträgern (z. B. CD, DVD, USB-Stick, Festplatte) oder über das Internet in Datenbanken verfügbar und häufig aktueller als gedruckte Versionen.
- **Audiovisuelle Medien:** Hierunter fallen digitale oder analoge Medien, die Informationen über Bild und Ton vermitteln.

Digitale Ausleihe und Fernleihe

Viele Bibliotheken bieten die Möglichkeit an, Publikationen digital auszuleihen. Dank Internet und mobiler Technologien können Sie digital verfügbare Publikationsformen (eBooks, eMagazines, ePaper, eAudios usw.) somit unabhängig von Ort und Öffnungszeiten der Bibliotheken ausleihen und z. B. mithilfe der sogenannten „Onleihe-App" auch auf Smartphone oder Tablet nutzen.

Mobiles Arbeiten dank digitaler Ausleihe

Hinweis:
Weitere Informationen zur digitalen Ausleihe der Bibliotheken finden Sie z. B. unter dem Schlagwort „Onleihe" im Internet.

Geeignete Publikationen können Ihnen, teilweise gegen eine geringe Gebühr, über eine Fernleihbestellung auch aus entfernten Bibliotheken zur Verfügung gestellt werden. Dabei helfen Ihnen die Mitarbeiterinnen und Mitarbeiter der Bibliotheken bei Bedarf gerne weiter. Auch ein elektronischer Dokumentlieferdienst ist eine Alternative, um die gewünschte Bestellung an den Zielort zu bekommen.

3.1.3 Suchinstrumente

Nachdem Sie die zentralen Schlüsselwörter zu Ihrem Themenschwerpunkt herausgearbeitet haben (vgl. Kapitel 3.1.1), geht es darum, geeignetes Arbeitsmaterial zu recherchieren. Hier eine Übersicht über verschiedene Suchinstrumente, die Sie für Ihre Literaturrecherche nutzen können:

- **Bibliothekssuchmaschinen:** Wenn Sie nicht nur die öffentliche Bibliothek in der Nähe des eigenen Wohnortes nutzen wollen, ist es hilfreich, über eine Bibliothekssuchmaschine im Internet weitere passende Bibliotheken herauszusuchen. Nach der Eingabe verschiedener Auswahlkriterien (z. B. Ort, Bibliothekstyp) wird Ihnen eine entsprechende Trefferliste angezeigt.
- **Bibliothekskataloge (Bestandsverzeichnisse):** Diese Kataloge enthalten die aktuellen Bestände von Bibliotheken oder Bibliotheksverbünden. Heutzutage verfügt nahezu jede Bibliothek über ihren eigenen „**OPAC**" (Online Public Access Catalogue). Dabei handelt es sich um einen über das Internet nutzbaren Bibliothekskatalog, den Sie über die jeweilige Bibliotheks-Website aufrufen und nutzen können. In der entsprechenden Datenbank ist der gesamte Bestand an Publikationen verzeichnet und kann recherchiert werden (z. B. nach Autorin/Autor, Schlagwort, Erscheinungsjahr). Zum Teil sind regional auch mehrere Bibliotheken miteinander vernetzt und bieten einen sogenannten Gesamtkatalog an, was Ihnen die Recherche in den Beständen der beteiligten Bibliotheken erheblich erleichtert.
- **Bibliographische Datenbanken (Themenverzeichnisse):** Hierbei handelt es sich um eine Sammlung von Publikationen zu einem bestimmten Fachgebiet. Autorin/Autor, Titel und Erscheinungsjahr eines Werkes können eingesehen werden.
- **Karlsruher Virtueller Katalog (KVK):** Mithilfe der Metasuchmaschine „Karlsruher Virtueller Katalog" können Sie in allen deutschsprachigen und zahlreichen internationalen bibliographischen Datenbanken nach geeigneter Literatur recherchieren. Aufgrund der angezeigten Trefferliste sind weitere Informationen analysierbar, wie z. B. verfügbar, ausleihbar oder bestellbar.
- **Zeitschriftendatenbank (ZDB):** Die von der Staatsbibliothek zu Berlin und der Deutschen Nationalbibliothek betriebene Datenbank umfasst mehr als 1,8 Millionen Zeitschriften, Zeitungen und Schriftenreihen von 1500 bis heute.
- **Zitationsdatenbanken:** Sie enthalten Informationen darüber, welche Publikationen Zitate aus anderen Werken enthalten. So liefert z. B. die Suchmaschine „Google Scholar" neben bibliographischen Angaben auch Zitationsnachweise.
- **Fachinformationsdienste für die Wissenschaft:** Sie liefern nähere Informationen darüber, welche Wissens- und Fachgebiete von den einzelnen Bibliotheken betreut werden. Über das Internetangebot „Webis", das von der Staats- und Universitätsbibliothek Hamburg betrieben wird, können hierzu hilfreiche Informationen eingeholt werden.
- **Deutsche ISIL-Agentur und Sigelstelle**: Die von der Staatsbibliothek zu Berlin betriebene Datenbank gibt Auskunft darüber, welche Bibliotheken, Archive, Museen bzw. anderen Einrichtungen geeignete Literatur zu den von Ihnen gesuchten Interessenschwerpunkten bereitstellen.

meta (griech.) = drückt in Bildungen mit Substantiven aus, dass sich etwas auf einer höheren Stufe/Ebene befindet bzw. darüber eingeordnet ist

Zitation = Verwendung eines Zitats

Zitat = Textstelle, die wörtlich übernommen wird

3.1.4 Suchstrategien

Ernst Jandl: suchen wissen

ich was suchen

ich nicht wissen was suchen

ich nicht wissen wie wissen was suchen

ich suchen wie wissen was suchen

ich wissen was suchen

ich suchen wie wissen was suchen

ich wissen ich suchen wie wissen was suchen

ich was wissen

(Quelle: Jandl, Ernst: Die Bearbeitung der Mütze. Gedichte. Darmstadt/Neuwied, Luchterhand, 1978)

Für Ihre Suche nach geeigneten Materialien bieten sich folgende Vorgehensweisen bzw. Suchstrategien an:

- **Systematisches Suchen:** Bei diesem Verfahren müssen Sie alle verfügbaren Quellen gründlich durchsuchen und auswerten. Das Verfahren ist zwar aufwändig und langwierig, dafür erhalten Sie aber auch ein breites Spektrum an Informationen.
- **Suche in relevanten Fachbüchern und Veröffentlichungen:** Mithilfe dieser Methode können Sie geeignete Literatur zu Ihrem Thema schnell ausfindig machen. Allerdings sind einzelne Teilaspekte oder abweichende Standpunkte oftmals schwer zu finden.
- **Suche nach dem Schneeballsystem:** Im Rahmen dieser Suchmethode greifen Sie zunächst auf eine bestimmte Quelle zu Ihrem Thema zurück (z. B. Lexikoneintrag). Achten Sie beim Lesen auf weiterführende Literaturangaben, Fußnoten, Zitate oder Ähnliches im Text und gehen Sie diesen Hinweisen im nächsten Schritt gezielt nach. Auf diese Weise können Sie relativ schnell weitere, relevante Literatur zum Thema ausfindig machen. Diese Suchstrategie sollte allerdings nur einen Teil Ihrer Recherche ausmachen.

Hinweise zur Recherche in Datenbanken/Bibliothekskatalogen

Für die Literatursuche in bibliographischen Datenbanken stehen Ihnen in der Regel die beiden folgenden Suchvarianten zur Verfügung:

- **Stichwortsuche:** Hier werden nur Treffer angezeigt, die genau das verwendete Suchwort enthalten (z. B. Stichwort aus dem Titel eines Buches, Name der Autorin/des Autors, Verlag).
- **Schlagwortsuche:** Diese Variante basiert auf der Suche nach Begriffen, die Fachleute auf der Grundlage einer Inhaltsanalyse zur Beschreibung eines Dokuments vergeben haben. Bei dieser Methode werden alle Treffer angezeigt, die inhaltlich und thematisch zu dem verwendeten Suchbegriff passen (z. B. unterschiedliche Bezeichnungen und Schreibweisen oder auch Treffer in anderen Sprachen).

Mithilfe der sogenannten Suchlogik (Wie suche ich?) legen Sie fest, wie Ihre Suchbegriffe bei der Datenbankrecherche verknüpft werden:

Boolesche Operatoren
→ siehe S. 21

- **Suchkombinationen:** Durch die Verwendung der sogenannten Booleschen Operatoren (AND, OR, NOT) können Sie einzelne Suchbegriffe miteinander verknüpfen.
- **Phrasensuche:** Wollen Sie nach mehreren Wörtern in einer bestimmten Reihenfolge suchen, können Sie diese in Anführungszeichen setzen. So erreichen Sie, dass nur diejenigen Ergebnisse angezeigt werden, die den gesamten Ausdruck enthalten.
- **Platzhalterfunktion:** Wollen Sie, dass auch unterschiedliche Schreibweisen, grammatikalische Formen und Wörter der gleichen Wortfamilie berücksichtigt werden, können Sie an der betreffenden Stelle im Suchbegriff bestimmte Buchstaben durch das Einfügen eines Platzhalters (am Ende oder Anfang eines Wortes = Trunkierung, in der Mitte eines Wortes = Maskierung) ersetzen. Hierdurch wird Ihnen eine entsprechend höhere Treffermenge angezeigt.

Trunkierung/Maskierung
→ siehe S. 22

3.1.5 Zusammenfassung und Tipps

- Planen Sie genügend Zeit für Ihre Recherchearbeiten ein.
- Formulieren Sie Schlüsselwörter/Schlagworte, die mit Ihrem Thema in Zusammenhang stehen.
- Überlegen Sie, welche Literatur oder welche Quellen Sie bereits kennen, die für die Bearbeitung Ihres Themas geeignet sein könnten.
- Suchen Sie in der Ihnen bereits bekannten Literatur Hinweise auf weiterführende Veröffentlichungen (Schneeballsystem).
- Nutzen Sie die Recherchedatenbanken der Bibliotheken.
- Verwenden Sie bei Ihren Suchanfragen die Booleschen Operatoren AND, OR, NOT und die Trunkierung (*).
- Recherchieren Sie nach Synonymen.
- Informieren Sie sich, ob die Bibliotheken in der Nähe Ihres Wohnortes eventuell Schulungstermine zu Recherchestrategien anbieten, die Sie nutzen könnten.
- Achten Sie bei Ihrer Recherche darauf, in welcher Form Sie die gefundenen Publikationen einsehen und verwenden können (z. B. Ausleihe direkt in der Bibliothek, digitale Ausleihe, Fernleihe, Präsenzexemplar).
- Kalkulieren Sie eventuelle Wartezeiten ein für den Fall, dass eine Publikation gerade entliehen ist oder aus anderen Bibliotheken angefordert werden muss (Lieferzeit).
- Lesen Sie das Inhaltsverzeichnis gefundener Materialien quer, um zu überprüfen, ob der Titel für die Bearbeitung Ihres Themas tatsächlich relevant ist.
- Achten Sie beim Durchblättern der Materialien auch auf Abbildungen, Tabellen und z. B. durch Fettdruck hervorgehobene Begriffe.
- Wählen Sie aus den Ergebnissen Ihrer Literaturrecherche möglichst unterschiedliche Quellen (Bücher, Sammelbände, Fachzeitschriften usw.) und wahren Sie den Anspruch an Ausgewogenheit und Objektivität (vgl. die Hinweise zum wissenschaftlichen Arbeiten auf S. 5).
- Achten Sie auf das Erscheinungsdatum der Veröffentlichungen und suchen Sie nach aktuellen Publikationen.
- Erfassen Sie die benötigten Informationen für das Literaturverzeichnis:
  - Verfasserin/Verfasser
  - Herausgeberin/Herausgeber
  - Titel
  - Untertitel
  - Auflage
  - eventuell Nummer des Bandes
  - Erscheinungsort
  - Verlag
  - Erscheinungsjahr
  - Seitenzahlen bei Artikeln oder Aufsätzen
- Sorgen Sie dafür, dass Sie die während der Literaturrecherche und -auswertung angefertigten Aufzeichnungen und Zitate immer den korrekten Quellen zuordnen können – auch dann noch, wenn Sie die entliehenen Publikationen bereits wieder zurückgegeben haben (z. B. durch Kopien oder entsprechende Notizen zur Quelle).

Aufgabe:

■ Überlegen Sie, welche möglichen Nachteile eine Suchstrategie nach dem Schneeballsystem haben könnte.

Synonym = bedeutungsähnliches bzw. sinnverwandtes Wort

Präsenzexemplar = Publikation, die nur innerhalb der Bibliotheksräume genutzt werden kann und nicht entleihbar ist

Tipp:
Sollten die recherchierten Publikationen nicht verfügbar sein, kann auch versucht werden, die Autorin/den Autor persönlich anzuschreiben und freundlich nach der Veröffentlichung zu fragen.

Literatur- und Quellenverzeichnis → siehe Kapitel 5.5.2

3.2 Internetrecherche

Wichtige Begriffe:

Website = gesamter Internetauftritt einer Person, eines Unternehmens oder einer Organisation

Webseite = einzelne Seite einer Website mit jeweils eigener URL-Adresse (s. u.)

Domain = weltweit einzigartiger Name bzw. eindeutige Adressierung einer Website im Internet

URL (Uniform Ressource Locator) = Adresse einer einzelnen Webseite

Browser = spezielles Computerprogramm zur Darstellung von Webseiten im Internet

Zusätzlich zur klassischen Literatursuche (vgl. Kapitel 3.1) bietet Ihnen das Internet eine gute Möglichkeit, sich einen Überblick über geeignete Publikationen zu verschaffen. Die Onlinesuche nach brauchbaren Materialien sollte aber keineswegs in eine wahllose Sammelei ausarten. Denn je mehr Material Sie herunterladen, desto mehr müssen Sie auch durcharbeiten. Deshalb sollten Sie auch im Rahmen einer Internetrecherche genau prüfen, welche Quellen für die Bearbeitung Ihres Themas überhaupt geeignet sind.

3.2.1 Suchmaschinen

Eine Reihe unterschiedlicher Suchmaschinen kann Ihnen gute Dienste bei Ihrer Recherche nach passenden Informationsquellen leisten. Dabei ist es hilfreich, wenn Sie sich bereits im Vorhinein bewusst machen, was Sie mit Ihrer Internetrecherche erreichen möchten. Folgende Ausgangspositionen sind denkbar:

- Sie wollen durch die Eingabe der korrekten URL in der Adresszeile eine Ihnen bekannte Website bzw. Webseite aufrufen (z. B. eines Nachrichtendienstes, um Informationen über aktuelle Ereignisse zu lesen).
- Sie kennen die exakte URL nicht, wissen aber, welche Website bzw. Webseite Sie einsehen möchten. Um zur gewünschten Seite zu gelangen, geben Sie über das Suchfeld im Browser ein entsprechendes Schlagwort ein (z. B. den Namen eines bestimmten Nachrichtendienstes).
- Sie suchen nach Informationen zu einem bestimmten Thema, wissen aber nicht, welche Webseiten hierzu brauchbare Inhalte enthalten. Entsprechend geben Sie im Suchfeld des Browsers Schlagwörter zu diesem Thema ein.

Crawler (auch Webcrawler oder Spider genannt) = Computerprogramme, die das World Wide Web durchsuchen, Webseiten analysieren und diese bestimmten Schlagworten zuordnen (Indexierung)

Surface Web und Deep Web → siehe S. 20

Wie arbeiten Suchmaschinen?

Eine Suchmaschine besteht aus drei Teilen:

- Roboter (Crawler)
- Index (Aufnahme der Seite in ein Schlagwortverzeichnis)
- Benutzerschnittstelle (Dialog bzw. Interaktion zwischen Software und Endnutzer)

Suchmaschinen-Crawler

Der Begriff „Crawling" (kriechen) bezeichnet die automatische Suche nach Daten im Internet, die durch spezielle Computerprogramme, sogenannte Crawler übernommen wird. Diese können nur den für sie sichtbaren Teil des Internets, das Surface Web (Oberflächennetz), durchsuchen.

Die Suchmaschinen wiederum analysieren und bereiten die Daten der Crawler auf und erstellen daraus einen Index bzw. ein Schlagwortregister, auf dessen Grundlage sie Benutzeranfragen beantworten und entsprechende Vorschläge ausgeben.

Das Suchmaschinenranking von Webseiten

Über die Relevanz einer Webseite entscheidet die Häufigkeit des eingegebenen Suchbegriffs auf der jeweiligen Internetseite. Je höher die Anzahl des Suchbegriffs, desto höher die Einstufung der Webseite im Ranking (Rangliste) der Suchmaschine.

Die Suchanfrage als Ausgangspunkt der Internetrecherche

Die zweite Möglichkeit, die Relevanz einer Seite zu bewerten, ist der sogenannte PageRank-Algorithmus, den die beiden Google-Gründer Larry Page und Sergey Brin erfunden haben. Aus der Anzahl und der Herkunft der Links, die zu einem bestimmten Begriff auf einer Seite verweisen, schließt die Suchmaschine auf die Wichtigkeit der Seite.

Welche Arten von Suchmaschinen und Suchdiensten gibt es?

Im Rahmen Ihrer Internetrecherche können Sie durch verschiedene Arten von Suchmaschinen und durch andere Dienste Informationen erhalten:

- **Allgemeine Suchmaschinen**: Sie beinhalten eine große Anzahl an Dokumenten und haben das Ziel, die Inhalte des Internets möglichst vollständig zu erfassen.
- **Spezialsuchmaschinen:** Sie erfassen eine Vielzahl von Dokumenten zu einem bestimmten Thema. Dabei beziehen sogenannte Hybridsuchmaschinen auch Inhalte von Datenbanken mit ein.
- **Metasuchmaschinen:** Sie besitzen keinen eigenen Datenbestand und nutzen für ihre Recherche die Inhalte anderer Suchmaschinen. Der Vorteil solcher Metasuchmaschinen besteht darin, dass sie die Ergebnisse mehrerer Suchmaschinen zusammenfassen.
- **Web-Verzeichnisse (Web-Kataloge):** Die Inhalte solcher Verzeichnisse werden manuell zusammengestellt, d. h., von Menschen gesichtet, geprüft und katalogisiert. Passend zu den Suchanfragen werden Adressen von Webseiten angezeigt, die dann aufgerufen und ausgewertet werden können.
- **Frage-Antwort-Dienste:** Registrierte Nutzerinnen und Nutzer antworten auf gestellte Fragen. Allerdings sind die Antwortbeiträge qualitativ sehr unterschiedlich und somit nicht immer in vollem Umfang gewinnbringend.

Aufgabe:

■ Manchmal reichen allgemeine Suchmaschinen nicht aus, um zufriedenstellende Ergebnisse zu erzielen. Dann ist es besser, Suchmaschinen für bestimmte Zwecke zu nutzen. Informieren Sie sich über spezielle Suchmaschinen im Internet.

3.2.2 Soziale Medien

Suche in sozialen Netzwerken: Öffentlich zugängliche Inhalte aus sozialen Netzwerken werden in verschiedene Suchmaschinen integriert. Für nicht öffentliche Daten müssen sich interessierte Nutzerinnen und Nutzer zunächst bei dem entsprechenden Social-Media-Dienst anmelden. Damit erhält der Anbieter auch Zugriff auf die Daten der betreffenden Personen.

Social-Media-Angebote (z. B. Facebook, Twitter, Instagram, YouTube) dienen in erster Linie der Kommunikation zwischen den Nutzerinnen und Nutzern. Sie ermöglichen den Teilnehmenden aber auch den Zugang zu vielfältigen Themengebieten und stellen somit unter Umständen eine weitere wichtige Quelle für Ihre Recherchen dar. Beispielsweise können Sie die Entwicklung von Themen beobachten oder gezielt nach Personen und Inhalten suchen und Ihre Suchanfrage bei Bedarf mit bestimmten Merkmalen koppeln (z. B. filtern nach Personen, die ein Studium im Ausland absolviert haben).

Suchmaschinen haben den Anspruch, Inhalte aus dem Internet möglichst umfassend und vollständig darzulegen. Aus diesem Grund bemühen sich die Betreiber großer Suchmaschinen, auch Inhalte aus sozialen Netzwerken in ihre Ergebnislisten aufzunehmen. Verschiedene Suchmaschinen lassen sich mit Social-Media-Diensten verbinden und bieten darauf aufbauend unterstützende Funktionen an. So können relevante Kommentare von befreundeten Nutzerinnen und Nutzern durchaus eine hilfreiche Ergänzung für die Verfeinerung Ihrer Suchergebnisse sein. Insofern können Sie soziale Medien unter Umständen in Ihre Recherche einbinden, auch wenn Sie aus diesen Quellen in einer wissenschaftlichen Arbeit nicht direkt zitieren sollten (siehe hierzu auch S. 24).

Es ist davon auszugehen, dass sich in Zukunft die Verbindung von Suchmaschinen und sozialen Medien weiter vertiefen wird.

3.2.3 Surface Web und Deep Web

Das Internet ist mit einem Eisberg vergleichbar: Nur ein geringer Teil, das sogenannte Surface Web (Oberflächennetz), das auch von den Suchmaschinen erfasst wird, ist sichtbar. Der weitaus größere Teil, ein riesiger Datenspeicher, ist nicht sichtbar. Er liegt sozusagen „unter der Oberfläche", daher der Name Deep Web oder auch Hidden Web (tiefes Netz bzw. verstecktes Netz).

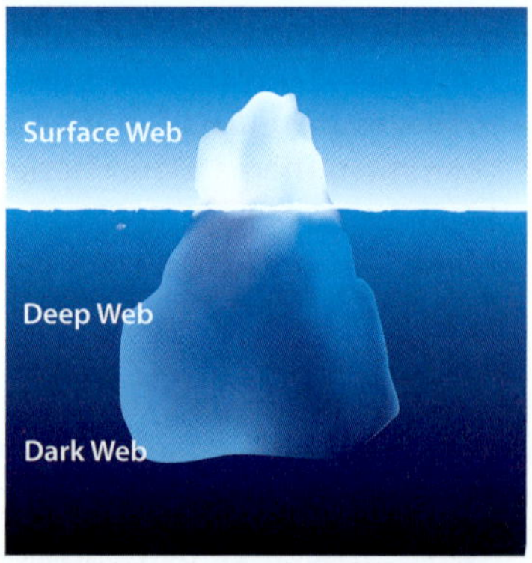

Die verschiedenen Bereiche des Internets

Das Deep Web kennzeichnet den Bereich im Internet, der von allgemeinen Suchmaschinen nicht erfasst wird. Hierbei handelt es sich um Informationen, die teilweise kein HTML-Format erkennen lassen, die vor allem in spezialisierten (Fach-)Datenbanken liegen oder durch Passwörter geschützt sind. Weil die Inhalte von den herkömmlichen Suchmaschinen nicht indexiert sind, kann auf sie nur mithilfe spezieller Browser zugegriffen werden.

Das Deep Web ist nicht zu verwechseln mit dem Dark Web (dunkles Netz). Es handelt sich dabei nicht um einen geheimen Bereich im Internet, in dem nur Kriminalität blüht. Vielmehr beinhaltet das Deep Web vielfältige Datenbestände und Informationen, die oft nur über spezielle Suchformulare ausgegeben werden und die zum Teil nur nach Abschluss kostenpflichtiger Verträge einsehbar sind.

3.2.4 Suchanfragen

Nach Auswahl der Suchmaschine können Sie Ihre Suchanfrage starten. Dabei werden Ihnen bereits während der Eingabe verschiedene Formulierungsmöglichkeiten zur Auswahl angeboten, die Sie gegebenenfalls anklicken können. Passen die Vorschläge nicht zu Ihrem Anliegen, sollten Sie bei der eigenständigen Eingabe unbedingt auf möglichst prägnante Schlagworte und eine korrekte Rechtschreibung achten.

Auf Ihre Anfrage hin wird Ihnen eine Anzahl an Suchergebnissen angezeigt. Diese müssen nun von Ihnen ausgewertet werden, indem Sie sich die entsprechenden Webseiten ansehen und im Hinblick auf ihre Verwendungsmöglichkeit prüfen. Dabei werden Sie schnell feststellen, ob die von der Suchmaschine angezeigte Trefferliste nutzbare Ergebnisse liefert und ob es sich lohnt, weitere Dokumente auszuwerten.

Werden nicht die richtigen oder zu viele Treffer angezeigt, ist es hilfreich, wenn Sie eine neue Suchanfrage starten und diese sprachlich verändern. Dabei gilt, dass längere Suchanfragen inhaltlich häufig ausgewogener sind und eine bessere Spezialisierung ermöglichen. So können Sie bei Ihrer Anfrage z. B. Wörter mithilfe von Operatoren verknüpfen, Fragen bzw. Befehle formulieren oder mit Platzhaltern in den Suchbegriffen arbeiten (Trunkierung, Maskierung), um Ihre Trefferquote entsprechend zu beeinflussen. Wie das im Einzelnen funktioniert, erfahren Sie in den folgenden Abschnitten.

Boolesche Operatoren (AND, OR, NOT)

AND (UND)	OR (ODER)	NOT (NICHT)
angezeigte Treffer müssen alle Suchwörter enthalten → **Treffermenge wird eingeschränkt**	angezeigte Treffer müssen mindestens eines der angegebenen Suchwörter enthalten → **Treffermenge wird erweitert**	bestimmte Wörter werden von der Suche ausgeschlossen → **Treffermenge wird eingeschränkt**

Hinweis:
Boolesche Operatoren müssen immer in Großbuchstaben geschrieben werden.

Durch die Kombination verschiedener Operatoren haben Sie die Möglichkeit, komplexe Suchanfragen zu formulieren. Allerdings sollten Sie bei der Konstruktion solcher Anfragen darauf achten, dass diese nicht missverstanden werden können.

Beispiele für die Anwendung Boolescher Operatoren:

- Märchen AND Hexe AND Grimm → Ergebnis = Liste von Märchen der Gebrüder Grimm, in denen eine Hexe vorkommt
- Märchen OR Hexe OR Hexenhaus → Ergebnis = alle Treffer, in denen mindestens eines der Wörter Märchen, Hexe oder Hexenhaus vorkommt
- Märchen NOT Hexe → Ergebnis = Liste von Märchen, in denen keine Hexe vorkommt
- Märchen AND Hexe NOT Grimm → Ergebnis = Liste von Märchen, in denen eine Hexe vorkommt, die aber nicht von den Gebrüdern Grimm stammen

Befehle

Mithilfe von Befehlen können Sie Suchanfragen qualifizieren bzw. um eine Bedingung ergänzen und somit die Treffermenge eingrenzen. Sie können auch Befehle mit Operatoren in einer Suchanfrage kombinieren. Beachten Sie aber, dass sich nicht alle Suchanfragen mit Befehlen gestalten lassen. Im Rahmen Ihrer Recherchen werden Sie durch Ausprobieren schnell in Erfahrung bringen, welche Art von Anfragen bei welcher Suchmaschine möglich sind.

Hinweis:
Die Suchmaschinen bieten unter „Hilfe" eine Übersicht über die jeweils unterstützenden Operatoren und Befehle an. Deshalb ist es für die korrekte Formulierung der Suchanfragen hilfreich, diese Listen einzusehen.

Synonym für Platzhalter = Wildcard, Joker

Trunkierung und Maskierung

Trunkierung	Maskierung
beliebig viele Zeichen am Ende (oder am Anfang) eines Wortstammes werden durch einen Platzhalter ersetzt → **Treffermenge wird erweitert**	ein Zeichen innerhalb eines Wortes wird durch einen Platzhalter ersetzt → **Treffermenge wird erweitert**

Als Platzhalter werden häufig folgende Zeichen verwendet: *, ?, ! oder #. Da Suchmaschinen und Datenbanken die Trunkierungs- und Maskierungsfunktionen jedoch individuell festlegen, sollten Sie in den jeweiligen Hilfestellungen nachlesen, welches Zeichen dort in welcher Funktion als Platzhalter verwendet werden kann.

Beispiele für die Anwendung von Platzhaltern:

- Rechtstrunkierung (am Ende des Wortstammes): romanti* → für Romantik/romantisch/Romantizismus/Romantiker/-in usw.
- Linkstrunkierung (am Anfang des Wortstammes): *pädagogik → für Sozialpädagogik, Reformpädagogik, Schulpädagogik, Förderpädagogik usw.
- Maskierung: do*umentation → für Dokumentation/documentation

Bedenken Sie, dass die Verwendung von Trunkierungen und Maskierungen zu massenhaften Treffern führen kann. In diesem Fall bricht die Suchmaschine das Durchstöbern intern ab und listet nur eine Auswahl der Treffer auf.

Tipps für Ihre Suchanfrage:

- Um Suchmaschinen erfolgreich zu nutzen, sollten Sie Ihre Suchanfragen gezielt formulieren und durch sinnvolle Kombinationen von Operatoren und Befehlen ergänzen.
- Wenn Sie Ihre Anfrage in Anführungszeichen setzen, wird genau nach dieser exakten Wortfolge gesucht (Phrasensuche → vgl. S. 16).
- Formulieren Sie keine W-Fragen (z. B. Wer ...?, Was ...?, Wann ...?, Wo ...?). Da die Crawler der Suchmaschinen Einzelwörter in einem Index ablegen, würden sonst auch alle Seiten aufgelistet, in denen das Fragewort vorkommt. Überlegen Sie stattdessen lieber, welche Wörter in der möglichen Antwort enthalten sein könnten und geben Sie diese in die Suchmaske ein.
- Beachten Sie die Reihenfolge der Suchwörter: Der erste Begriff hat die höchste Priorität.

Die konkrete Formulierung Ihrer Suchanfrage und die Anwendung der richtigen Suchstrategie entscheiden über Erfolg oder Misserfolg Ihrer Recherche. Wenn Sie die Hinweise zur Optimierung Ihrer Suchanfragen berücksichtigen, ersparen Sie sich unnötige Enttäuschungen und Ärger und gelangen schneller zu den gewünschten Ergebnissen (siehe hierzu auch S. 25).

Aufgabe:

■ Informieren Sie sich über Operatoren, Befehle und Platzhalter spezieller Suchmaschinen.

3.2.5 Bewertung der Suchergebnisse

Mögliche Prüfkriterien zur Beurteilung der Resultate Ihrer Internetrecherche:

Glaubwürdigkeit

- Handelt es sich um eine vertrauenswürdige Quelle?
- Gibt es ein Impressum mit Ansprechpartner und Kontaktdaten?
- Wer ist der Domaininhaber?

Herausgeber/Autoren

- Welche Person, Firma oder Organisation ist verantwortlich für die Webseite?
- Von wem wurde das Dokument verfasst?
- Kann die jeweilige Autorin bzw. der jeweilige Autor als Expertin bzw. Experte auf diesem Gebiet angesehen werden?

Hinweis:
Die Echtheit eines akademischen Titels kann durch eine Suchmaschinenanfrage und die Suche nach Titel und Name überprüft werden. Durch die Eingabe von Name und Publikation lässt sich herausfinden, ob die jeweilige Person auch tatsächlich eine Expertin bzw. ein Experte auf dem Gebiet ist.

Inhaltliche Relevanz/Sorgfalt/Wissenschaftlichkeit

- An welche Zielgruppe richtet sich die Quelle?
- Ist die Quelle für den gewünschten Zweck inhaltlich relevant?
- Wird der Sachverhalt sachlich, detailliert und exakt dargestellt?
- Wird der Sachverhalt umfassend behandelt und nicht nur ein bestimmter Teilaspekt vermittelt?
- Handelt es sich um eine ausgewogene und objektive Darstellung?
- Sind die Texte und Bilder durch seriöse Quellenangaben wissenschaftlich belegt?

Bestätigende Informationen

- Welche Kontaktinformationen werden genannt?
- Wird die Quelle von anderen Expertinnen und Experten zitiert bzw. von zuverlässigen Anbietern verlinkt?
- Sind Belege für die aufgestellten Behauptungen enthalten?

Aktualität

- An welchem Datum erfolgte die Veröffentlichung des Artikels?
- Wann erfolgte die letzte Aktualisierung der Website bzw. der Webseite?
- Welches Datum tragen die Literaturangaben?

Funktionalität/Nutzerfreundlichkeit/Formales

- Sind die Inhalte frei zugänglich?
- Ist eine Registrierung erforderlich oder fallen gegebenenfalls Kosten für die Nutzung der Inhalte an?
- Ist die Webseite klar strukturiert?
- Stimmen Rechtschreibung, Grammatik und Zeichensetzung?
- Öffnen sich im Vorder- wie im Hintergrund eigenständig Fenster?
- Enthält die Webseite Werbung?

Hinweis:
Fehler in Rechtschreibung, Grammatik und Zeichensetzung verweisen auf unseriöse Webauftritte.

Sicher ist es im Rahmen Ihrer Internetrecherche nicht immer möglich, jedes einzelne Dokument einer eingehenden Qualitätskontrolle zu unterziehen. Aber gerade dann, wenn es um sensible Themen oder wichtige Rechercheinhalte geht, sollten Sie die Quellen mithilfe der hier aufgelisteten Kriterien sorgfältig überprüfen.

Suchmaschinen führen ebenfalls eine Qualitätsanalyse der gefundenen Rechercheergebnisse durch. Allerdings erfolgen diese Bewertungen ausschließlich anhand formaler Kriterien. Wird ein Dokument von einer Suchmaschine auf den vordersten Plätzen gelistet, bedeutet das also nicht automatisch, dass die dort dargestellten Inhalte korrekt, wahr und vertrauenswürdig sind. Im Zweifelsfall sollten Sie daher immer eine genauere Prüfung vornehmen.

Quellen systematisch festhalten

Die im Rahmen Ihrer Recherche gefundenen Daten und Informationen können Sie nicht im gleichen Zeitumfang prüfen und bearbeiten, wie sie eingehen. Da sich Inhalte und Adressen im World Wide Web jederzeit ändern können, sollten Sie relevante Quellen zur späteren Verwendung ausdrucken oder am PC speichern (siehe hierzu auch S. 27).

Literatur- und Quellenverzeichnis → siehe Kapitel 5.5.2

Alle Daten, die Sie aus dem Internet für Ihre Facharbeit verwenden, müssen durch entsprechende Quellenangaben wieder auffindbar sein. Vergessen Sie also nicht, beim Übertragen bzw. Kopieren relevanter Inhalte aus dem Internet in eine Software (z. B. Word, Excel), die vorhandenen Informationen zur Quelle gleich mit abzuspeichern (die vollständige URL und das Datum des letzten Abrufs sowie – soweit vorhanden – Verfasserin/Verfasser, Herausgeberin/Herausgeber und Titel).

Hinweis zur Seriosität/Zitierfähigkeit von Quellen

Zitieren Sie nur aus seriösen und wissenschaftlich anerkannten Quellen (z. B. Primär- und Sekundärliteratur – vgl. S. 12), die für jeden nachvollziehbar und überprüfbar sind. Daher ist insbesondere bei Internetquellen Vorsicht geboten. Nutzen Sie beispielsweise die Online-Enzyklopädie Wikipedia gerne als Inspirationsquelle und zur weiterführenden Literaturrecherche, aber nicht zum Zitieren.

3.2.6 Zusammenfassung und Tipps

Wer im Internet sucht, möchte schnell das Richtige finden. Klicken Sie sich jedoch nicht wahllos durch zahlreiche Links und Webseiten, sondern gehen Sie bei Ihrer Suche nach verwertbaren Informationen gezielt vor. Bedenken Sie: Das Internet ist die Stadt, die Suchmaschine das Navigationssystem.

Systematisch betrachtet lassen sich die notwendigen Schritte Ihrer Internetrecherche und Ergebnisauswertung wie folgt darstellen:

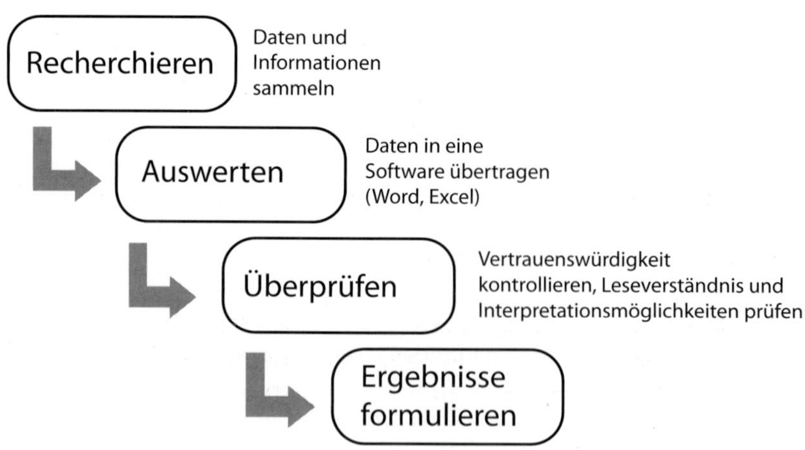

Tipps zur Optimierung Ihrer Suchstrategie:
- Formulieren Sie Themenschwerpunkte.
- Konzentrieren Sie sich zunächst auf wenige Schlagworte.
- Benennen Sie Fragen, die relevante Suchbegriffe enthalten.
- Überlegen Sie sich mögliche Synonyme und Akronyme zu Ihren Suchbegriffen.
- Spezialisieren Sie Ihre Suchanfrage, indem Sie geeignete Operatoren bzw. Befehle einfügen.
- Setzen Sie ein Minuszeichen (–) direkt vor ein Wort, um dieses von der Suche auszuschließen (z. B. Golf –VW; führt zu Ergebnissen, in denen das Wort Golf, aber ohne VW vorkommt).
- Setzen Sie ein Pluszeichen (+) direkt zwischen verschiedene Suchbegriffe, um diese miteinander zu verbinden und so Ihre Suche zu konkretisieren (z. B. Theater+Uraufführung+Dreigroschenoper).
- Nutzen Sie das Zeichen einer Tilde bzw. Wellenlinie (~) vor einem Wort, um nach ähnlichen Begriffen und Synonymen zu suchen (z. B. ~Facharbeit).
- Fügen Sie bei der Suche nach Definitionen das Kommando „define:" (Abk. „def:") direkt vor dem entsprechenden Begriff ein (z. B. define:facharbeit).
- Geben Sie durch das Einfügen von zwei Punkten (..) Intervalle für Zahlenangaben wie Jahreszahlen oder Preisspannen an (z. B. 2010..2020).
- Setzen Sie den Operator „site:" direkt vor eine Internetadresse, um ausschließlich nach Ergebnissen innerhalb dieser bestimmten Domain zu suchen (z. B. Arbeitsmarktpolitik site:www.zeit.de).
- Fügen Sie den Operator „inurl:" direkt vor dem Suchbegriff ein, wenn nur nach URL-Adressen gesucht werden soll, die dieses Schlüsselwort (Keyword) enthalten (z. B. inurl:Inklusion).
- Informieren Sie sich unter der Registerkarte „Hilfe" oder „Einstellungen" darüber, welche Befehle und Operatoren von der jeweiligen Suchmaschine verstanden und unterstützt werden.
- Greifen Sie gegebenenfalls auf spezielle Angebote der Suchmaschinen zurück, um optimale Ergebnisse zu erhalten (z. B. „Google News" für Nachrichten).
- Prüfen Sie nicht nur die Ergebnisse, die Ihnen die Suchmaschine auf der ersten Seite präsentiert. Oft lohnt es sich, für gute und verwendbare Inhalte auch auf den Folgeseiten nachzuschauen.
- Suchen Sie mithilfe verschiedener Suchdienste, um eine möglichst große Bandbreite an brauchbaren Ergebnissen zu erhalten. Denn schließlich arbeitet jede Suchmaschine nach einem individuellen Suchalgorithmus.
- Nutzen Sie auch Spezialsuchmaschinen. Hier werden die Inhalte von Menschen zusammengestellt, nicht von Programmen. Die Ergebnislisten enthalten meist treffende und verlässliche Informationen.

Akronym = aus den Anfangsbestandteilen von Wortgruppen oder Wortzusammensetzungen gebildetes Kurzwort (z. B. EDV aus elektronische Datenverarbeitung, Kripo aus Kriminalpolizei)

Last, but not least – ein abschließender Hinweis zur Internetrecherche

Vergessen Sie trotz der verlockenden und vielfältigen Möglichkeiten der Informationsbeschaffung im Internet nicht die Literatursuche in Bibliotheken. Dort finden Sie wertvolles und zum Teil seit Jahrhunderten gespeichertes Wissen, das Sie in dieser Form nur selten im Internet einsehen können.

Bücher und andere zum Teil nicht digital verfügbare Publikationsformen (vgl. Kapitel 3.1.2) sind auch in der heutigen Zeit unerlässliche Hilfsmittel für Ihre Recherchearbeit und bilden die Grundlage für die Erstellung einer gelungenen Facharbeit.

4 Quellenstudium/Auswertung der Quellen

4.1 Materialsichtung

Nach dem vorläufigen Abschluss Ihrer Recherchen liegt Ihnen meist eine Unmenge an Arbeitsmaterialien vor. Die Herausforderung besteht nun darin, diese im Hinblick auf Ihre eigene Themenstellung zu bearbeiten und auszuwerten.

Auszuwertende Arbeitsmaterialien

Gliederung → siehe Kapitel 5.3.1

Die Sichtung des Materials trägt auch dazu bei, dass Sie Ihre Vorstellungen zur Gliederung Ihrer Facharbeit weiter konkretisieren können. Dabei werden Sie mitunter feststellen, dass noch Material zu wichtigen Teilaspekten fehlt oder das Thema weiter eingegrenzt werden muss, da es zu weit gefasst ist.

Vorgehensweise bei der Materialsichtung

Tipp:
Sollten Sie sich nicht sicher sein, ob die Quelle seriös ist, entscheiden Sie nach der Bedeutsamkeit für Ihr Thema.

Arbeitsschritt 1:
Verschaffen Sie sich einen Überblick über die Personen, die die entsprechenden Materialien verfasst haben. Sortieren Sie Schriftstücke aus, bei denen die Autorin bzw. der Autor nicht erkennbar ist oder unseriös erscheint.

Arbeitsschritt 2:
Sortieren Sie die verbleibenden Materialien unter inhaltlichen Gesichtspunkten:

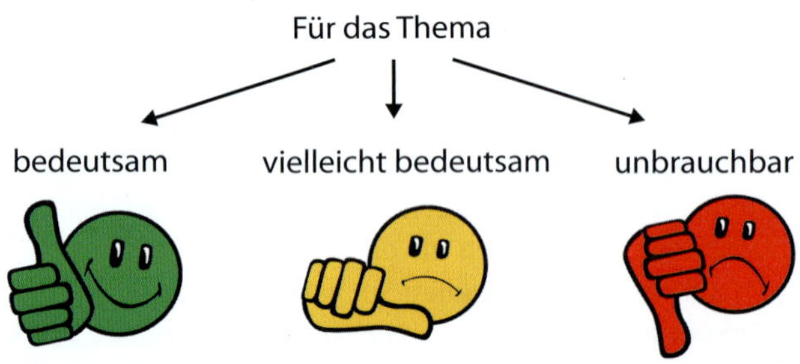

Hinweis:
Sollte die Quellenangabe fehlen, haben Sie zwei Möglichkeiten, je nachdem, wie bedeutsam das Material für Ihre Arbeit ist:
- Quellenangabe suchen
- auf das Material verzichten

Arbeitsschritt 3:
Kontrollieren Sie, ob Sie zu allen Materialien, die Sie in die ersten beiden Gruppen eingeordnet haben, die entsprechenden Quellenangaben besitzen und ob Sie sich bei Internetquellen die URL und das Datum des Abrufs notiert haben (vgl. S. 24).

Arbeitsschritt 4:
Überlegen Sie anschließend, ob Sie mit dem vorhandenen Material auskommen und Ihr Thema damit inhaltlich so bearbeiten können, wie Sie dies vorgesehen haben (vgl. Kapitel 5.3.1 bis 5.3.3). Eventuell müssen Sie zusätzliche Arbeitsmaterialien nachrecherchieren.

4.2 Ergebnissicherung

Die Ergebnisse Ihrer Materialauswertung (siehe Kapitel 4.3) sollten Sie gleich so anlegen, dass Sie Ihre Notizen in einer späteren Arbeitsphase direkt nutzen können. Um alles in eine feste Ordnung zu bringen, müssen Sie sich zunächst überlegen, ob Sie Ihre Aufzeichnungen (Quellenangabe, geplanter Verwendungszweck, kurze inhaltliche Zusammenfassung, wichtige Argumente etc.) mithilfe von Karteikarten oder digital am PC festhalten wollen:

- **Karteikarten:** Legen Sie für jede Quelle eine eigene Karteikarte an. Die Karten sollten das Format A5 aufweisen und sollten, ähnlich wie im Beispiel in der Randspalte gezeigt, beschriftet werden. Besorgen Sie sich einen Karteikasten mit Trennblättern zur Sortierung oder heften Sie die Karteikarten ab (auch hier sind Trennblätter, die Sie je nach Sortiervorgabe beschriften, sinnvoll). Bei Bedarf können Sie die Karteikarten jederzeit problemlos neu sortieren, alphabetisch oder thematisch.
- **PC:** Wenn Sie auf Ihrem PC einen Ordner für Ihre Facharbeit anlegen, sollten Sie diesen zunächst mit Unterordnern versehen, die der Grobgliederung Ihrer Arbeit entsprechen (siehe Abbildung unten). In diese Unterordner sortieren Sie Ihre Auswertungen zu den einzelnen Quellen ein, wobei Sie die Dateinamen thematisch vergeben können. Vergessen Sie nicht, zu Beginn Ihrer Aufzeichnungen jeweils die genaue Quelle anzugeben.

Beispiel für eine mögliche Ordnerstruktur am PC:

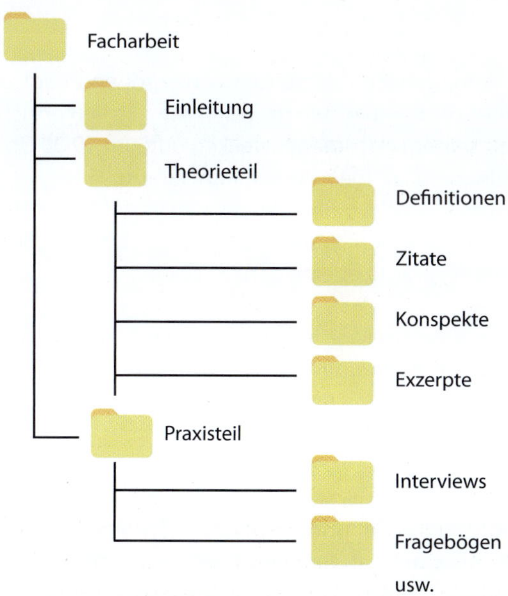

Aufgabe:

■ Stellen Sie sich vor, Sie sollen einen Kommentar für die Schülerzeitung zum Thema „Brauchen wir Lyrik in der Schule?“ verfassen. Suchen Sie in Onlineausgaben von Zeitungen (z. B. Die Zeit, Frankfurter Allgemeine Zeitung (FAZ), Die Welt, Süddeutsche Zeitung) nach passenden Beiträgen. Sichten Sie das gefundene Material und erstellen Sie anschließend eine geeignete Ordnerstruktur zu diesem Thema, in die Sie die einzelnen Beiträge einsortieren.

Karteikasten

Beispiel für die Beschriftung einer Karteikarte:

Name, Vorname: Thema

- Quellenangabe
- geplante Nutzung
- Inhalt

Tipp:
Speichern Sie nach jeder Sitzung Ihren gesamten Arbeitsordner auf Ihrem Rechner ab. Erstellen Sie auch immer eine Sicherheitskopie (z. B. auf einer externen Festplatte, einem USB-Stick oder online bei einem Cloud-Anbieter).

Konspekt = knappe, sinngemäße Zusammenfassung bzw. Inhaltsübersicht eines Textes in eigenen Worten → siehe S. 38 ff.

Exzerpt = schriftlicher, mit dem Text der Vorlage übereinstimmender Auszug aus einem Dokument (z. B. Zitat oder stichpunktartige Zusammenfassung wichtiger Grundgedanken) → siehe S. 42 f.

Kommentar → siehe S. 46 f.

4.3 Materialauswertung

4.3.1 Lesetechniken

4.3.1.1 Orientierendes und kursorisches Lesen

Sie müssen nicht jeden Text sofort intensiv lesen. Wollen Sie sich bei umfangreicheren Werken zunächst nur einen Überblick über den Inhalt verschaffen, eignen sich folgende Lesetechniken:

- **Orientierendes Lesen**: Durchblättern Sie einmal grob das gesamte Werk und richten Sie dabei Ihr Hauptaugenmerk auf Inhaltsverzeichnis, Überschriften, Grafiken und Tabellen. So verschaffen Sie sich einen ersten inhaltlichen Überblick, ohne ganze Textpassagen lesen zu müssen.
- **Kursorisches Lesen (Skimming):** Diese Lesetechnik geht über das orientierende Lesen hinaus. Auch hier nehmen Sie den Text ganzheitlich auf, suchen dabei jedoch schon gezielt nach Schlüsselwörtern oder lesen wichtige Textpassagen bereits genauer durch (z. B. den Beginn eines Absatzes).

Praxisübung: Kursorisches Lesen anhand von Textbeispielen

Aufgabe:

■ Lesen Sie die folgenden drei Texte kursorisch durch und finden Sie möglichst schnell heraus, welche berühmte Persönlichkeit jeweils beschrieben wird. Die Arbeitszeit für alle drei Texte sollte nicht mehr als eine Minute betragen (Lösung siehe S. 29, Randspalte).

Tipp:
Stoppen Sie die Zeit, die Sie für diese Aufgabe benötigen.

1. Dieser Mann war nur 1,57 m klein, gehört aber zu den ganz großen Philosophen der Geschichte. Er soll im Alter sehr pedantisch gewesen sein: So ließ er sich täglich um 04:45 Uhr morgens von seinem Hausdiener wecken und um 19:00 Uhr unternahm er bei jedem Wetter einen Spaziergang durch Königsberg.

Mit seiner Definition der „Aufklärung" und dem Wahlspruch „Habe Mut, dich deines eigenen Verstandes zu bedienen!", prägte er eine ganze Epoche.

Weniger bekannt ist, dass dieser berühmte Mann erst mit 63 Jahren ein eigenes Haus besaß, in dessen Erdgeschoss er in einem Hörsaal mehrmals wöchentlich Vorlesungen hielt. Diese waren sehr beliebt und verschafften ihm großen Ruhm.

Tipp:
Nutzen Sie Ihr Vorwissen. Meist müssen Sie bei einer solchen Aufgabe den Text gar nicht zu Ende lesen!

Hinweis:
Auch Bilder können beim schnellen Erfassen von Inhalten helfen; aber aufgepasst, bei den Porträts zu dieser Aufgabe (siehe Randspalte auf S. 29) haben sich zwei „falsche" Persönlichkeiten mit eingeschlichen.

2. Sie wuchs Anfang des 20. Jahrhunderts auf und verlebte als Zweitälteste von vier Geschwistern eine glückliche Kindheit auf dem Land. Bereits in ihrer Schulzeit schrieb sie auffallend gute Aufsätze. Mit 18 Jahren wurde sie schwanger und musste ihren unehelichen Sohn notgedrungen die ersten Jahre in eine Pflegefamilie und anschließend zu ihren Eltern geben, bis sie ihn Jahre später, mit neuem Mann und gemeinsamer Tochter, endlich zu sich holen konnte.

Die Schwedin liebte es, ihren beiden Kindern Geschichten zu erzählen. Die Idee zu ihrer bekanntesten Figur verdankt sie ihrer Tochter, die sie eines Tages bat: „Erzähl mir was von Pippi Langstrumpf!". Heute gehört sie zu den bekanntesten und erfolgreichsten Kinder- und Jugendbuchautorinnen weltweit.

3. Über diesen berühmten Mann soll seine Großmutter kurz nach der Geburt gesagt haben, dass er viel zu dick sei. Aber als besonders korpulenten Menschen kennt ihn die Welt eigentlich nicht.

Der eher mittelmäßige Schüler interessierte sich schon früh für Mathematik und Naturwissenschaften.

Bekannt wurde er mit seiner Formel „$E = mc^2$". Auch die von ihm aufgestellte Relativitätstheorie machte ihn weltberühmt.

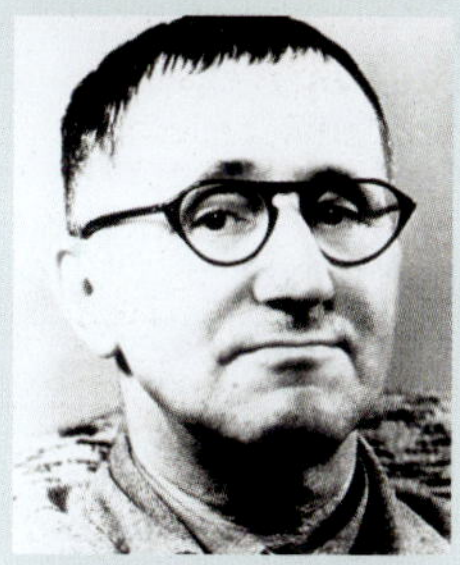

Lösung zur Praxisübung „Kursorisches Lesen":
1. Immanuel Kant;
2. Astrid Lindgren;
3. Albert Einstein

4.3.1.2 Selektives Lesen

Wenn Sie beim orientierenden Lesen feststellen, dass Sie bestimmte Informationen eines Textes für Ihre Arbeit nutzen möchten, sollten Sie diesen anschließend unter der eigenen wissenschaftlichen Fragestellung noch einmal selektiv (ausgewählt) lesen.

Das selektive Lesen, auch suchendes Lesen genannt, wird häufig bei umfangreicheren Texten angewendet, um bestimmte Fragestellungen beantworten zu können. Entsprechend müssen Sie beim Lesen gezielt auf die benötigten Informationen achten. Das Paragraphing (siehe S. 32 f.) kann Sie dabei unterstützen.

Wichtige Hinweise zum selektiven Lesen:

- Suchen Sie gezielt nach Schlüsselwörtern.
- Unterstreichen Sie die Schlüsselwörter.
- Notieren Sie wichtige Informationen in Stichworten auf eine Karteikarte oder in eine Datei.

Praxisübung: Selektives Lesen anhand von Textbeispielen

Aufgabe:

■ Lesen Sie die Beispieltexte 1–3 (siehe auch Folgeseite) und beantworten Sie möglichst schnell die nachfolgenden Fragen. Achten Sie beim Lesen besonders auf die in den Fragen genannten Schlüsselbegriffe (sinntragende Wörter):
  - Wer schrieb den Roman „Das Muschelessen"?
  - Welches Wirbeltier wird am ältesten?
  - Wie hoch war das Preisgeld für den ersten Nonstop-Flug von New York nach Paris?

1. Charles Augustus Lindbergh Jr. wuchs in Detroit als Sohn einer schwedischen Einwandererfamilie auf. Schon als Kind interessierte er sich sehr für Technik, besonders für Maschinen und Motoren. Ein Maschinenbaustudium brach er allerdings wegen schlechter Leistungen ab und wurde stattdessen Pilot. Am 20. Mai 1927 begann er seinen Nonstop-Flug von New York nach Paris. Am Ziel begrüßte ihn 33,5 Stunden später eine jubelnde Menge und er freute sich, dass er die 3.610 Meilen geschafft hatte und ihm so das Preisgeld von 25.000 US-Dollar sicher war.

2. Bislang nahm man an, dass Schildkröten oder Elefanten die ältesten Wirbeltiere seien; diese Erkenntnis haben schwedische Meeresbiologen jetzt jedoch korrigiert. Sie fanden heraus, dass ein Meeresbewohner, nämlich der Grönlandhai, ca. 400 Jahre alt werden kann. Damit ist er wahrscheinlich das Wirbeltier, das auf der Erde am ältesten werden kann.

Bstuchbaensaalt:
Usner Ague lsiet gaznheitilch, wir leesn nciht jdeen Bucshtaebn, dehsalb knönen wir acuh Wrote entzfifern, bei dneen nur der esrte und ltezte Bstabchue in der rcihtiegn Reiehnfogle steehn. Biem seelktiven Lseen ist das änhlich: Wir scuhen geizelt nach Bergifefn, die für uns beedutasm sind, die Wrote im Ufmeld inetresiseren nciht.

3. Kaum einer deutschen Schriftstellerin ist in den letzten Jahren ein so perfekter Start gelungen wie Birgit Vanderbeke. Der Dreiklang ihres Erfolgs lautet:

- Ingeborg-Bachmann-Preis,
- großes Rezensentenlob,
- gute Verkaufszahlen.

Zentrale Themen ihres Werkes sind Familie, Liebe und Spießertum, die sie ihren Leserinnen und Lesern mit großem Sprachwitz nahebringt. Ihr Roman „Das Muschelessen“ wurde zu ihrem größten Erfolg.

Praxisübung: Selektives Lesen anhand eines komplexeren Textbeispiels

Aufgaben:
Angenommen, das Arbeitsthema Ihrer Facharbeit lautet: „Partizipative Medien – Chance oder Fluch?“ und Sie finden bei Ihrer Internetrecherche den nachfolgend abgedruckten Text. Beim orientierenden Lesen stellen Sie fest, dass er Ihnen zur Begriffsklärung und zu ersten Bewertungen nützlich sein könnte. Infolgedessen beschließen Sie, ihn noch einmal selektiv zu lesen.

1. Lesen Sie den Text zunächst unter der Fragestellung „Fachbegriffe“ durch und halten Sie wichtige Informationen in Stichworten auf einem gesonderten Blatt Papier fest.

2. Notieren Sie anschließend in einer anderen Schriftfarbe Bewertungen zu den unterschiedlichen Positionen.

Tipp:
Nehmen Sie sich schon beim ersten Lesen einen Stift zur Hand und notieren Sie wichtige Informationen. Als Hilfestellung finden Sie in der Randspalte Beispiele für mögliche Notizen zum abgebildeten Textbeispiel.

Jana Burmeister: Was sind Partizipative Medien?

Einleitung

[…] Digitale Technik ermöglicht es uns heute, zusammen an Projekten auch über Ländergrenzen hinweg zu arbeiten. Im Internet entstehen Wikis, Websites und auch freie Software durch die Zusammenarbeit vieler Menschen.

unterschiedliche Begriffe für partizipative Medien

Auch im Bereich der Medien zeigt sich eine Entwicklung, die unter verschiedenen Schlagworten bekannt geworden ist. Zum einen sind da die Begriffe citizen media (Bürgermedien) bzw. citizen journalism (Bürgerjournalismus), die nahelegen, dass alle Beteiligten eine Staatsbürgerschaft in einem Land besitzen und daher von einigen Beteiligten abgelehnt werden. Zum anderen werden die Begriffe participatory media (Partizipative Medien) bzw. partizipatory journalism (Partizipativer Journalismus) verwendet, die mehr Augenmerk auf die Beteiligung und die Zusammenarbeit von Individuen legen.

Bowman und Willis beschreiben die Definition von partizipativen Medien in ihrem Werk „We Media“ aus dem Jahr 2003 so:

Definition (1) Bowman und Willis (Übersetzung notwendig)

„The act of a citizen or group of citizens, playing an active role in the process of collecting, reporting, analysing and disseminating news and information. The intent of this participation is to provide independent, reliable, accurate, wide-ranging and relevant information that a democracy requires.“

Die Zusammenarbeit zwischen Journalisten und Publikum, die durch das Internet in früher nicht realisierbaren Dimensionen und Geschwindigkeiten möglich wird, ist für viele Journalisten in den englischsprachigen Ländern, aber auch in aufstrebenden asiatischen Staaten wie Südkorea und in Industrienationen wie Japan, die zukunftsweisende Redaktionsstruktur.

Definition (2) Jay Rosen; New York

Jay Rosen, Journalistik-Professor an der New York University, sieht in der Zusammenarbeit von professionellen Journalisten und Amateur-Journalisten, die er »pro-am journalism« genannt hat, die vielversprechendste Form des partizipativen Journalismus. Die Stärken einer professionellen Redaktion sieht er in den zuverlässigen Kontrollen, die durch die Geschlossenheit des Systems möglich sind. Diese Geschlossenheit ist aber auch von Nachteil, weil die Redaktion nur so viel weiß wie ihre Redakteure. Rosen bestätigt, dass dieser Fakt noch kein Nachteil war, solange das Publikum durch das Internet nicht seine informellen Stärken erkannt hat. Jetzt kann die Zusammenarbeit mit dem Publikum aber neues Wissen, neue Perspektiven und neue Kontrollmechanismen hervorbringen.

Ergänzung zur Definition Bowman und Willis

Was die Definition von partizipativem Journalismus angeht, sind Bowman und Willis anderer Meinung. Sie bestehen auf wenig oder überhaupt keiner editoriellen Aufsicht durch professionelle Journalisten, da partizipativer Journalismus keine klassisch ausgebildeten Journalisten benötigen würde. Als Beispiel für ihre These nennen sie Weblogs, Foren und Online-Communities, die auch ohne Aufsicht effektiv funktionieren. Sie sind der Meinung, die Veröffentlichung ist das Wichtigste, und geben die Aufgabe der redaktionellen Bearbeitung und Auswahl von Informationen und Meinungen vollkommen in die Hände der Internetnutzer. Partizipativer Journalismus wird dennoch nicht als Ablösung des professionellen Journalismus verstanden, sondern ist eine Ergänzung des Systems.

Dan Gillmor zum Thema

Die Zusammenarbeit von professionellen Journalisten mit Bürgern nimmt ungeachtet dessen im neuen Mediensystem einen immer größeren Raum ein. Der amerikanische Technikjournalist [...] Dan Gillmor ist überzeugt davon, dass seine Leser ihn bei seiner Recherche und auch bei der Ausarbeitung eines Artikels unterstützen können. [...]

Diese Zusammenarbeit beschreibt er als »grassroots journalism«, was übersetzt so viel bedeutet wie Graswurzeljournalismus. Gemeint sind damit vor allem Augenzeugen, die aus erster Hand von einem Ereignis berichten. Diese Beiträge sind also sehr subjektiv und unmittelbar, können aber je nach den Fähigkeiten des Schreibers sehr anschaulich und lebendig sein. Veröffentlicht werden sie entweder als »personal publishing« in Weblogs oder auf kollaborativen Nachrichtenseiten. Es ist aber auch möglich, dass sie als E-Mail an eine Redaktion geschickt und dann durch die Massenmedien veröffentlicht werden. Unter Graswurzeljournalismus können nicht nur Mithilfe bei Recherche und Korrektur, sondern auch die Zusendung von Inhalten wie Fotos, Videos und Audiodaten zu verstehen sein, die Augenzeugen erstellt haben. [...]

(Quelle: Burmeister, Jana: Was sind Partizipative Medien?, 04.06.2013; zitiert nach: http://www.jana-burmeister.de/was-sind-partizipative-medien/; letzter Aufruf: 03.09.2019)

Wichtige Absätze (siehe rote Markierungen) in wissenschaftlichen Artikeln:

Der Aufbau eines Textes, dargestellt in Form eines Hamburgers

4.3.1.3 Paragraphing

Mit Paragraphing, auch Absatzspringen genannt, können Sie schnell herausfinden, ob ein Text für Ihre eigene Arbeit bedeutsam ist oder nicht. Dabei hilft Ihnen die Struktur vieler wissenschaftlicher Texte, sich in größeren Publikationen zu orientieren (z. B. in Fachzeitungen oder Fachbüchern).

Aufbau wissenschaftlicher Texte

Die meisten wissenschaftlichen Texte sind nach einem ganz bestimmten Muster aufgebaut (siehe hierzu auch Abbildung in der Randspalte):

- **Erster Absatz:** In ihm wird meist das Thema beschrieben oder eine wichtige These aufgestellt. → Er ist also zur Beurteilung eines Textes wichtig.
- **Mittlere Absätze:** Sie dienen meist dazu, zu erläutern, zu illustrieren oder Argumente oder Beispiele zu bringen, und stützen somit die Hauptaussage. → Sie sind für die Beurteilung eines Textes nicht so bedeutsam.
- **Letzter Absatz:** Hier erfolgt die Zusammenfassung, es werden Schlussfolgerungen gezogen und es wird ein Ausblick gegeben. → Er ist ebenfalls wichtig, um die Position der Autorin bzw. des Autors zu erkennen.

Aufbau einzelner Absätze

Die einzelnen Absätze in wissenschaftlichen Texten lassen oft eine V-Form erkennen:

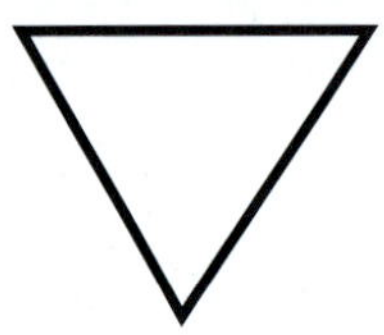

Der Informationsgehalt nimmt stetig ab, die wichtigste Information findet man zu Beginn des Absatzes.

Vorgehensweise beim Paragraphing

Aus diesen Erkenntnissen lässt sich ein Vorgehen zur schnellen Orientierung ableiten, das sogenannte Paragraphing:

1. Lesen Sie den ersten Absatz eines Textes. Fragen Sie sich, ob der Text für Sie von Interesse sein könnte:
   - interessant ↓
   - uninteressant → weglegen
2. Lesen Sie den letzten Absatz
   - interessant ↓
   - uninteressant → weglegen
3. Lesen Sie die ersten Sätze der mittleren Absätze.
   - bedeutsam ↓ analytisch lesen (siehe Kapitel 4.3.1.4)
   - unbedeutsam → weglegen

Aufgabe:

■ Testen Sie die hier getroffenen Aussagen an Fachtexten Ihres Themengebiets.

Praxisübung: Paragraphing anhand eines Textbeispiels

Aufgaben:

1. Lesen Sie den ersten und letzten Absatz und formulieren Sie Thema und Aussageabsicht des Textes in eigenen Worten.
2. Lesen Sie jeweils die ersten Sätze jedes Absatzes und fassen Sie wichtige Argumente zusammen.

Streit ums Smartphone – Können wir nicht mehr ohne Handy?

Ob beim Gehen, Essen, Reden, Fernsehgucken oder sogar beim Autofahren – unentwegt starren wir auf unsere Handys. Tippen statt sprechen, chatten statt treffen, verkniffen zocken statt entspannt spielen. Immer erreichbar, immer das Smartphone im Blick. [...]

Gerade junge Leute gehören zur „Generation Kopf unten" – so nennen Wissenschaftler die Ständig-aufs-Handy-Starrer. Die „Head Down Generation" wurde zum gängigen Begriff in der Medienpädagogik. [...]

Den Trend zur Handydauernutzung untersucht Juniorprofessor Leonard Reinecke von der Universität Mainz. „Mobile Online-Nutzung mit dem Smartphone wird immer wichtiger. Das Internet ist plötzlich in vielen Situationen verfügbar, die früher medienfreier Raum waren, was sowohl Vor- als auch Nachteile mit sich bringt." [...]

Für Forscher Reinicke ist klar: Viele starren auf ihr Handy aus Neugier, aus Langeweile, aus dem Gefühl, immer erreichbar sein zu müssen. Und aus Angst, etwas zu verpassen. „Es entsteht sozialer Druck, weil man denkt, die Freunde erwarten eine schnelle Antwort auf jede Nachricht und sofortiges Kommentieren des Facebook-Status."

Bei Erwachsenen entsteht ein ähnliches Gefühl häufig, weil sie für ihren Job allzeit via Smartphone erreichbar sein müssen und dadurch ihre Arbeit in die Freizeit hineintragen. Das Phänomen ist Ulrike Wagner, Direktorin des Instituts für Medienpädagogik in München, bestens bekannt. „Für den Chef jederzeit erreichbar zu sein, ist heute für viele ein Muss und auf Dienstreisen online zu arbeiten eine Selbstverständlichkeit. Es prägen also auch wirtschaftliche Zwänge unsere sozialen Beziehungen. Wir müssen lernen, digitale Kommunikationsangebote in unser Leben so zu integrieren, dass sie es bereichern. Und uns nicht isolieren."

Verkümmern die direkten Kontakte, wenn alle nur noch virtuell kommunizieren? Diese Sorge scheint berechtigt. [...] Medienpädagogin Ulrike Wagner gibt Entwarnung: „Man kann eine lange Liste mit Argumenten für das Smartphone anlegen: Es ist einfacher, Verabredungen zu organisieren, man kann alte Freundschaften pflegen. Und familiäre Kontakte auf Distanz werden erleichtert, zum Beispiel via Skype."

Wer selbst nicht zum Handy-Starrer werden möchte, sollte überlegen, wann er das Smartphone benutzt und welche Wirkung dies auf die Mitmenschen hat. Ist man vom ständigen Blick des Gegenübers auf sein Handy genervt, sollte man dies offen sagen. Abhilfe schaffen auch Smartphone-freie Schlafzimmer oder Esstische. Oder man traut sich gar, ohne Telefon das Haus zu verlassen. [...]

(Quelle: Boenisch, Tatjana/Kirchberg, Anne/Janßen, Ankea: Streit ums Smartphone – Können wir nicht mehr ohne Handy?, in: Hamburger Morgenpost, 02.06.2014; zitiert nach: https://www.mopo.de/hamburg/streit-ums-smartphone-koennen-wir-nicht-mehr-ohne-handy--3533806; letzter Aufruf: 03.09.2019)

Hinweis:
Vielleicht kennen Sie auch die **Fünf-Schritt-Lesemethode,** die für das analytische Lesen aufgegriffen und adaptiert wurde:

- Text überfliegen bzw. Übersicht über den Inhalt verschaffen

- Fragen an den Text stellen

- Text genau lesen

- Text in Abschnitte gliedern und zusammenfassen

- Hauptaussagen in eigenen Worten wiederholen

4.3.1.4 Analytisches Lesen

Angenommen, Sie haben – z. B. mithilfe des Paragraphings (vgl. Kapitel 4.3.1.3) – einen Text gefunden, den Sie intensiv studieren wollen, weil er für Ihr Thema viele brauchbare Ansätze liefert. Dann bietet sich zur weiteren Analyse folgende Vorgehensweise an:

1. Annäherung an den Text/Lernzielfestlegung:
- Deuten Sie den Titel.
- Notieren Sie stichpunktartig, was Sie selbst zum Thema wissen.
- Notieren Sie ein Lernziel: Welche Aspekte des Textes sind für mich besonders wichtig?

2. Begriffsklärung:
- Lesen Sie den Text das erste Mal gründlich durch und unterstreichen Sie dabei alle unbekannten Begriffe (mit Bleistift).
- Recherchieren Sie anschließend die Bedeutung dieser Wörter (z. B. im Internet oder in einem Lexikon) und notieren Sie Ihre Ergebnisse am Rand des Textes.

3. Textanalyse:
- Lesen Sie nun den Text noch einmal und unterstreichen Sie Thesen, Argumente und Beispiele mit unterschiedlichen Farben.
- Auch wichtige Zitate sollten gekennzeichnet werden.

4. Zusammenfassung/Wiederholung:
- Verstanden hat man nur, was man mit eigenen Worten wiedergeben kann. Versuchen Sie deshalb, die Hauptaussagen des Textes sinngemäß zusammenzufassen:
  - Wollen Sie das schriftlich erledigen, nutzen Sie das Konspektieren (siehe S. 38 ff.) oder das Exzerpieren (siehe S. 42 f.).
  - Alternativ können Sie auch Mindmaps oder Tabellen erstellen.
- Gelingt Ihnen das noch nicht, lesen Sie den Text noch einmal zur Wiederholung.

Gemeinsame Textanalyse

Hinweis:
Einen Beispieltext zum Üben des analytischen Lesens finden Sie auf S. 36 f.

4.3.2 Textkennzeichnungen

Wichtiges in einem Text zu kennzeichnen, ist schwerer, als man denkt. Oft neigt man dazu, zu viel zu unterstreichen und verliert so die Orientierung. Beachten Sie daher gleich zu Beginn Ihrer Textarbeit folgende Hinweise:

- Denken Sie daran, dass Sie in entliehenen Publikationen (z.B. Bibliothek, Schule) keine Eintragungen vornehmen dürfen. Fertigen Sie sich daher Kopien an, bevor Sie mit der Arbeit am Text beginnen.
- Entscheiden Sie, welche Mittel zur Kennzeichnung Sie nutzen wollen.
- Legen Sie anschließend fest, wie Sie einzelne Elemente des Textes voneinander abheben.
- Halten Sie sich an die getroffenen Entscheidungen. Notieren Sie sich, was Sie festgelegt haben, und ändern Sie diese Regeln im weiteren Verlauf Ihrer Facharbeit nicht ab.

Tipp:
Beachten Sie die 10 %-Regel: Mehr als 10 % eines Textes sollten nicht unterstrichen werden.

Hier ein paar Anregungen für verschiedene Möglichkeiten der Textkennzeichnung:

Arbeit mit Stiften:

- Nutzen Sie möglichst einen Bleistift, da Sie die mit ihm durchgeführten Kennzeichnungen jederzeit wieder entfernen können. Zu Beginn Ihrer Textanalyse ist er unerlässlich!
- Bunte Stifte können Sie z.B. für Symbole, Pfeile oder Unterstreichungen nutzen. Außerdem können Sie auch Wellenlinien verwenden, doppelt oder gestrichelt unterstreichen oder wichtige Schlüsselwörter einrahmen.

Tipp:
Hier ein paar Anregungen für mögliche Kennzeichnungen:
? (nicht verstanden → nachlesen)
! (besonders wichtig)
→ (Verweis)
↔ (Widerspruch)
© (Autor bzw. Quelle notieren)

Arbeit mit Textmarkern:

- Nutzen Sie verschiedene Farben und legen Sie fest, welche Farbe wofür verwendet wird. Behalten Sie diese Festlegung bei jeder Textarbeit bei.
- Gewöhnen Sie sich an, für gleiche Textteile immer nur eine bestimmte Farbe zu verwenden, z.B.:
  - Rot für besonders wichtige Aussagen, z.B. Thesen.
  - Blau für Erläuterungen, z.B. Argumente, auf die Sie zurückgreifen wollen.
  - Grün für Beispiele, die Ihnen einleuchtend erscheinen.

Arbeit mit Post-it-Zetteln:

- Die Klebemarken, die auch in unterschiedlichen Farben erhältlich sind, eignen sich insbesondere für die Arbeit in Büchern und umfangreichen Darstellungen. Mit ihnen können Sie z.B. wichtige Aufsätze oder Definitionen in größeren Werken kennzeichnen, um sie schnell wieder aufschlagen zu können.
- Auch in Ihrer Facharbeit können Sie die einzelnen Unterkapitel mit Klebemarken oder Trennblättern abtrennen, um sie bei Bedarf einfacher wieder aufzufinden. So können Sie sich schnell in Ihrer Arbeit orientieren und behalten stets den Überblick.

Aufgaben:

1. Nennen Sie die Begriffe, die sich hinter den Abkürzungen im nebenstehenden Hinweis in der Randspalte verbergen.
2. Folgende Symbole werden häufig zur Textkennzeichnung genutzt. Bestimmen Sie ihre Bedeutung:

Hinweis:
Auch gebräuchliche Abkürzungen erleichtern die Orientierung im Text.
Zur Erinnerung:
– Vgl.
– Def.
– Zf.
– bzw.
– usw.
– f./ff.

Praxisübung: Analytisches Lesen/Textkennzeichnung anhand eines Textbeispiels

Aufgaben:

1. Der erste Abschnitt des nachfolgenden Textes wurde beispielhaft mit Kennzeichnungen versehen. Entscheiden Sie, welche Markierungen Sie nutzen möchten und notieren Sie diese auf einem separaten Zettel oder einer Karteikarte.

2. Kopieren Sie den Text und analysieren Sie die weiteren Abschnitte mithilfe des analytischen Lesens, um den Textaufbau zu verdeutlichen.

Claudia Ehrenstein: „Finger weg vom Rechner, Surfen macht dumm"

©; These
?!

Der Hirnforscher Manfred Spitzer provoziert. Seine These: Computer schaden der menschlichen Entwicklung. Spitzer spricht von „digitaler Demenz" – ein zuerst in Korea beobachtetes Phänomen.

Argument
Folgerung ?

Manfred Spitzer weiß, dass er provoziert. In seinem ersten Buch hat er Eltern gewarnt, ihre Kinder zu lange vor den Fernseher zu setzen. Nun fordert er in seinem zweiten Buch „Fingerspiele statt Laptops".

Argument!!!

Spitzer handelt aus Überzeugung. Er ist Neuropsychiater, Jahrgang 1958. Ein Mann der Generation Rechenschieber, der das Einmaleins noch auswendig gelernt hat. Besorgt stellt er fest: Wenn Kinder zu früh zu viel Zeit vor dem Computer verbringen, leidet ihre Hirnentwicklung. Es entstehen Defizite, die sie im Laufe ihres weiteren Lebens nicht wieder aufholen können.

„Digitale Demenz" als Phänomen

Südkoreanische Mediziner haben dieses Phänomen zuerst beschrieben und digitale Demenz getauft – was Spitzers Buch den Titel gab. Surfen macht demnach dumm. All jene Menschen, die sich im Netz zu Hause fühlen, muss eine solche Diagnose empören. In der Tat ließ der Sturm der Entrüstung nicht lange auf sich warten.

Zu Unrecht, denn Spitzer hat eine Fülle von wissenschaftlichen Hinweisen zusammengetragen, um seine These von der digitalen Demenz zu untermauern: Studien und Datenmaterial, die nachdenklich stimmen sollten. So nutzen Jugendliche heute oft mehrere Medien gleichzeitig. Beim Computerspielen telefonieren sie, beim Telefonieren schreiben sie nebenbei eine E-Mail. 8,5 Stunden Mediennutzung am Tag packen sie so in 6,5 Zeitstunden.

Alles hinterlässt Spuren im Gehirn

Dieses Multitasking geht auf Kosten der Konzentration. Das zeigen Versuche amerikanischer Wissenschaftler. Die Probanden waren insgesamt abgelenkter. Ein solches Ergebnis lässt für Spitzer nur einen Schluss zu: „Multitasking ist nichts, wozu man die nächste Generation ermuntern sollte."

Alles, was der Mensch tut, hinterlässt Spuren im Gehirn. Im besten Fall werden in den ersten Lebensjahren, ja sogar schon in den ersten Monaten, Gedächtnisverbindungen angelegt und verdrahtet, die das Grundgerüst für alles Lernen bilden. Neuroplastizität nennt die Wissenschaft diese Fähigkeit des Gehirns, sich neuen Anforderungen anzupassen. Das ist einer der Gründe für den evolutionären Erfolg der Spezies Mensch. Spitzer sieht darin aber auch die aktuelle Gefahr.

Früher Kontakt mit digitalen Medien

Digitale Medien aus der Schule verbannen

Wenn sich die Menschen heute beim Autofahren nur noch auf ihr Navigationsgerät verlassen, entwickeln sie gar nicht erst die Fähigkeit, sich zu orientieren – obwohl das Gehirn dafür das Potenzial mitbringt. Das gilt auch für Kinder, die in der Schule mit einem elektronischen Griffel an einem Smartboard arbeiten, statt richtig schreiben zu lernen. Das Gehirn bleibt hinter seinen Möglichkeiten zurück.

Weil der Computer Schülern wichtige Übungsaufgaben abnimmt, „muss er zwangsläufig einen negativen Effekt auf das Lernen haben", argumentiert Spitzer. Als Konsequenz fordert er, digitale Medien aus dem Unterricht zu verbannen.

Es gebe bis heute keine unabhängige Studie, „die zweifelsfrei nachgewiesen hätte, dass Lernen allein durch die Einführung von Computern und Bildschirmen in Klassenzimmern effektiver wird".

Die vierte Kulturtechnik

Spitzer wird noch drastischer: „Bei digitalen Medien im Kindergarten und in der Grundschule handelt es sich daher in Wahrheit um nichts weiter als eine Art Anfixen." Starker Tobak für eine Generation, die sich im Netz wie selbstverständlich bewegt, sich informiert, in sozialen Netzwerken kommuniziert und dabei auch noch Spaß hat. Internet gilt neben Lesen, Schreiben und Rechnen längst als vierte Kulturtechnik.

Lernen, zitiert Spitzer den Pädagogen Pestalozzi, erfordere „Herz, Hirn und Hand" und ergänzt, Fingerspiele etwa würden dabei helfen, den Umgang mit Zahlen zu begreifen. Ein Land, dessen wichtigste Ressource kluge Köpfe und innovative Ideen sind, sollte Spitzers Warnungen ernst nehmen.

(Quelle: Ehrenstein, Claudia: Finger weg vom Rechner, Surfen macht dumm, 10.09.2012, in: Welt; zitiert nach: https://www.welt.de/kultur/literarischewelt/article109116237/Finger-weg-vom-Rechner-Surfen-macht-dumm.html; letzter Aufruf: 03.09.2019)

4.3.3 Konspektieren

Wenn Sie eine für Ihr Thema bedeutsame Quelle analysiert haben, ist es oft notwendig, eigene Notizen zu Inhalt und Struktur des Textes zu formulieren. Hierfür eignet sich der sogenannte Konspekt (lat. Betrachtung), bei dem es sich um eine Form der knappen und übersichtlichen Inhaltszusammenfassung in eigenen Worten handelt.

Konspekt in Form einer Tabelle → siehe S. 40 f.

Diagramme → siehe auch S. 44 f.

Statt einer Auflistung in Stichwörtern ist es häufig sinnvoller, wichtige Gedankengänge, Schlüsselwörter und Zusammenhänge grafisch aufzubereiten, z. B. mithilfe von Tabellen (z. B. um einen fortlaufenden Gedankengang zu erfassen) oder Diagrammen. Verwenden Sie auch hier Pfeile, Einrahmungen und Symbole, um wichtige Zusammenhänge bildlich zu verdeutlichen.

Strukturdiagramm = abstrakte Darstellung eines Sachverhalts → wichtige Fachbegriffe werden in verzweigter Struktur so dargestellt, dass daraus ihr logischer Zusammenhang hervorgeht

Beispiel: Konspekt in Form eines Strukturdiagramms zu einem Zeitungsbericht

These: Digitalisierung: Software ersetzt Denkarbeit

↓

Folge: auch hochqualifizierte Arbeitsplätze in Gefahr

↓

Konsequenz/Folgerung: Reform der ***Lehrpläne*** unumgänglich:

neben: Mathematik | Lesen | Fremdsprachen | ***Programmiersprachen!***

↓

Schülerinnen und Schüler müssen kreativ werden, Neues schaffen
(Routinearbeiten werden durch Maschinen erledigt)

↓

Appell: Mut und Freiraum zur Auswertung von Massendaten
(Nutzung ist notwendig)

→ Zitat: „Wir können die Welt in Echtzeit vermessen und auswerten."

→ **Voraussetzung:** Wahrung von Datenschutz, digitaler Souveränität;
Aufsicht: digitale Ethikkommission

Hinweis:
Wichtig ist, dass Sie in der Kopfzeile oder gleich zu Beginn Ihrer Aufzeichnungen die Quellenangabe notieren. Nur so können Sie Ihre Notizen später auch in Ihrer Arbeit verwenden.

(Quelle zum Konspekt im Beispiel: F.A.Z. EXKLUSIV: Telekom-Chef will Programmiersprachen in der Schule aufwerten, 06.06.2016, in: Frankfurter Allgemeine; zitiert nach: https://www.faz.net/aktuell/wirtschaft/unternehmen/telekom-chef-will-programmiersprachen-zu-schul-pflichtfach-machen-14273248.html; letzter Aufruf: 03.09.2019)

Aufgabe:

- Nutzen Sie die im obigen Beispiel angegebenen Stichpunkte, um zu beschreiben, worum es in dem Bericht der F.A.Z. geht.

Praxisübung: Konspektieren in Form eines Strukturdiagramms anhand eines Textbeispiels

Aufgabe:

- Stellen Sie die wichtigsten Aussagen und Zusammenhänge des nachfolgenden Textes möglichst übersichtlich in Form eines Strukturdiagramms dar.

Wieso handeln wir immer noch nicht umweltbewusst?

Obwohl wir um die Gefahren des Klimawandels wissen? Das erklärt eine Umweltpsychologin. […]

Begriff: Klimawandel

Jetzt: Wir wissen, dass der Klimawandel die aktuell größte Bedrohung für die Menschheit ist. Wieso kämpfen wir nicht sofort dagegen an?

Ellen Matthies: Studien aus der Psychologie zeigen, dass es viel einfacher ist, auf etwas zu reagieren, bei dem wir die positiven oder negativen Folgen unseres Handelns direkt spüren. […] Aber der Klimawandel ist ein hochkomplexes Problem. […] Die gravierendsten Folgen kommen zeitlich stark verzögert, etwa der gestiegene Meeresspiegel. Wir wissen zwar, dass gehandelt werden muss, aber nicht konkret, ob wir alle handeln müssen oder wer zuerst. Ein weiteres Problem ist auch, dass unser Verhalten im Alltag von vielen Faktoren beeinflusst wird, die uns daran hindern, uns klimafreundlich zu verhalten. […]

?? Ellen Matthies?

Argument: Menschen richten ihr Verhalten danach aus, welche Folgen sich daraus für sie persönlich ergeben

These: Klimawandel zu komplex und Folgen zu abstrakt, daher ändern Menschen ihr Verhalten nicht

Welche sind das?

Das sind vor allem Situationen in unserem Alltag, die dem klimabewussten Handeln widersprechen. Die kann man fast gar nicht vermeiden. Zum Beispiel, dass ich Freunde auf dem Land nur mit dem Auto besuchen kann. Das liegt an der schlecht ausgebauten Infrastruktur. […]

Einschränkung 1: Bedingungen im Alltag erschweren klimafreundliches Verhalten zusätzlich

Aber es gibt ja auch Dinge in unserem Alltag, die einfach umzusetzen sind. Wie zum Beispiel öfter regional einzukaufen. Wieso machen wir das nicht?

Menschen sitzen auch zu viel vor dem Fernseher oder machen zu wenig Sport, obwohl ihnen bewusst ist, dass ihnen das nicht guttut. Wir wissen so viel darüber, wie wir ein besseres Leben führen könnten. Trotzdem neigen wir dazu, das zu tun, was wir schon immer getan haben. Das liegt auch an dem „Time lag", also der Zeitverzögerung, zwischen unserem individuellen Handeln und den Konsequenzen. […] Beim Klimawandel ist ein zusätzliches Problem, dass gar nicht man selbst, sondern oft andere Menschen an ganz anderen Orten die Konsequenzen spüren. […]

Einschränkung 2: Menschen neigen dazu, das zu tun, was sie schon immer getan haben

Untermauerung der These: Folgen des Klimawandels zeitverzögert und an anderen Orten

Was würde Menschen denn wirklich motivieren, ihr Verhalten zu ändern?

Es muss mehr von der Politik geregelt werden. […] Das jetzige Konsumentenverhalten – also Fliegen oder dicke Autos kaufen – wird von einigen so gedeutet, dass die Menschen unbedingt weiterhin günstig fliegen oder dicke Autos wollen. Aber das ist die falsche Schlussfolgerung. Sie tun das unter den jetzigen Bedingungen, die zum Beispiel das Fliegen stark begünstigen. […]

Schlussfolgerung/Appell: politische Regelungen zur Förderung umweltbewussten Verhaltens notwendig

Deswegen ist es doppelt problematisch, wenn unsere Politiker*innen das Wissen der Gesellschaft über den Klimawandel nicht in entsprechende Politik umsetzen. Damit erhalten wir das Signal: Kann doch gar nicht so schlimm sein. Und: Es ist umso beeindruckender, dass es Menschen gibt, die bereits eine so starke klimaausgerichtete Werteorientierung haben. Sie schaffen es teilweise schon seit Jahren, sich über die eigene Bequemlichkeit hinweg ökologisch zu verhalten.

Positivbeispiel/indirekter Appell: sich über die eigene Bequemlichkeit hinwegsetzen und umweltbewusstes Verhalten aktiv umsetzen

(Quelle: jetzt: Wieso handeln wir immer noch nicht umweltbewusst? Interview von Tabea Mirbach, 17.09.2019, zitiert nach: https://www.jetzt.de/umwelt/klimaschutz-warum-faellt-umweltbewusstes-leben-vielen-so-schwer; letzter Aufruf: 24.09.2019)

Beispiele:
- **Verbalstil**: Schülerinnen und Schüler sind immer weniger fähig, grammatisch korrekte Sätze zu bilden.
- **Nominalstil**: Die Bildung grammatisch korrekter Sätze fällt Schülerinnen und Schülern schwer.
- **Unpersönliches Schreiben:** Metaphern werden zur Versinnbildlichung genutzt.
- **Attribution/Apposition:** Die junge, attraktive Hauptfigur des Romans wird – insbesondere zu Beginn des Werkes – abwertend gezeichnet.

Hinweis:
Je nach Text können Sie auch andere Kategorien für Ihre Tabelle definieren, z. B.:
- These
- Beleg
- Folge
- Konsequenz/Folgerung
- Definition
- Einschränkung
- Appell/Forderung

Konspektieren in Form von Tabellen

Wenn Sie den Inhalt eines Textes zusammenfassen möchten, ist es manchmal sinnvoll, eine Tabelle anzulegen. Dort können Sie die zentralen Aussagen des Textes in einer geordneten Reihenfolge eintragen und so den logischen Aufbau der Argumentation nachvollziehen. Dabei ist es besonders wichtig, dass Sie knappe Formulierungen finden.

Tipps zur Verkürzung von Formulierungen:
- Verwenden Sie den Nominalstil, der in wissenschaftlichen Beiträgen zur Verkürzung dient.
- Schreiben Sie unpersönlich; die Zusammenfassung soll objektiv und wertungslos sein (siehe hierzu auch „Hinweis" auf S. 57).
- Nutzen Sie Attributionen (Beifügungen bzw. nähere Bestimmungen, z. B. „die *einzuziehenden* Steuern"), um ergänzende Informationen einzubringen.
- Verwenden Sie Appositionen (Beisätze, z. B. „A. Melchior, *der Autor der Studie*, ..."), um Zusatzinformationen unterzubringen.

Beispiel: Konspekt in Form einer Tabelle

Struktur	Grundgedanken
These	Literatur ist auch heute noch bedeutsam,
Argument	denn sie kann Gefühle veranschaulichen,
Beispiel	zum Beispiel die Liebe.
Fazit	Literatur hat einen „Mehrwert".

Praxisübung: Konspektieren in Form einer Tabelle anhand eines Textbeispiels

Aufgabe:
■ Gestalten Sie zu nachfolgendem Text einen Konspekt in Form einer Tabelle.

Fragen Sie Reich-Ranicki: Welchen „Mehrwert" hat moderne Literatur?

Warum sich die Liebe in der modernen Literatur so schwierig darstellt, wird Marcel Reich-Ranicki von einem Leser gefragt. Und er antwortet mit einer grundsätzlichen Überlegung: Wozu ist Literatur noch gut in Zeiten, in denen Belehrung und Aufklärung besser durch andere Medien geleistet werden?

[...] *Marcel Reich-Ranicki:* Die Literatur – wozu brauchen wir sie überhaupt? Uralt ist diese Frage, beinahe so alt wie die Literatur selbst. Aber es kann nicht schaden, sie von Zeit zu Zeit zu stellen.

Es ist nicht gerade eine Entdeckung, dass die Literatur schon ziemlich lange einen schwierigen Verteidigungskrieg führen muss. Und es sind nicht nur allerlei teuflische, doch keineswegs überflüssige technische Erfindungen, die ihre Existenz fortwährend bedrohen.

Man wird sagen: Was uns die vielen Fernsehprogramme offerieren, das mag die Literatur verdrängen, aber ersetzen kann es sie nicht. Dann allerdings müssen wir genau wissen, was wir von ihr erwarten, welche Funktion sie ausüben soll. Wozu also Literatur? An Äußerungen hierüber fehlt es nicht, wir kennen klassische Antworten von großer Schlichtheit, etwa: um Freude und Vergnügen zu bereiten, um das Publikum zu amüsieren.

Nur fällt es auf, dass eine Lanze für die Unterhaltung und das Vergnügen in der Regel von solchen Autoren gebrochen wird, die über den Verdacht erhaben sind, bloß Unterhaltung zu liefern – von Thomas Mann etwa oder Bertolt Brecht, ja sogar von Goethe. Auch T. S. Eliot meinte, die wichtigste Aufgabe der Dichtung sei es, Freude zu spenden. Er fügte aber gleich hinzu, dass der Dichter, wenn wir ihm Vergnügen der höchsten Art verdanken sollen, nicht nur dieses, sondern unbedingt mehr im Sinn haben müsse.

Um was für einen, wenn ich so sagen darf, Mehrwert kann es sich hier handeln? Um Belehrung, um Aufklärung, um Erbauung? Gewiss wurde die Literatur im Laufe der Jahrhunderte häufig zur Magd der Philosophie, der Religion, der Politik oder der Geschichtsschreibung degradiert – das hat meist eine unglückselige Verbindung ergeben, aber gelegentlich dennoch zu Meisterwerken geführt.

Heute ist niemand darauf angewiesen, die Literatur zur Vermittlung von Ideen, Programmen oder Informationen zu missbrauchen. Diese lassen sich jetzt auf andere Weise sowohl schneller als auch erheblich wirkungsvoller unter die Leute bringen. Mithilfe des Fernsehens und des Rundfunks? Nicht nur, auch mit dem Sachbuch, mit populärwissenschaftlichen Veröffentlichungen, mit der Publizistik im weitesten Sinne.

Wozu sollte man, da es direkte Wege gibt, die praktisch und ohne Umstände zum Ziel führen, den Umweg über die Kunst suchen, gar über die moderne Kunst, die in sehr vielen Fällen nur einer intellektuellen Minderheit zugänglich ist – was nicht ihre Bedeutung schmälert, wohl aber ihre Nützlichkeit und Verwendbarkeit als Ideenträger oder Informationsmittel. In dieser Hinsicht ist die Literatur nicht mehr konkurrenzfähig. Zur Hoffnung, es ließe sich mit ihr die Welt verändern, gehört in unserer Zeit eine tüchtige Portion Blauäugigkeit – oder Heuchelei.

Zu fragen wäre somit, welcher „Mehrwert" sich denn noch anstreben lässt, wenn Belehrung und Aufklärung, Agitation und Information kaum in Betracht kommen, ja in literarischen Kunstwerken zu anachronistischen Elementen geworden sind. Die Literatur versucht zu entdecken und zu formulieren, was wir gespürt oder geahnt haben, aber eben bloß gespürt oder vielleicht bloß geahnt.

Nur dann beweist sie ihre Daseinsberechtigung, wenn sie imstande ist, den Lesern bewusst zu machen, was ihnen bisher nicht bewusst war und was sich – das ist das Entscheidende – mit anderen Mitteln nicht bewusst machen lässt. Daher schlägt die Stunde der Literatur stets, wenn es um Phänomene geht, die sich der wissenschaftlichen Erkundung wenigstens teilweise entziehen und die von vielen Menschen als unberechenbar und unbegreiflich, ja als geheimnisvoll empfunden werden. Ein solches Phänomen ist die Liebe. […]

(Quelle: Frankfurter Allgemeine Sonntagszeitung, 20.05.2007, Nr. 20/Seite 36; zitiert nach: https://www.faz.net/aktuell/feuilleton/buecher/fragen-sie-reich-ranicki/fragen-sie-reich-ranicki-welchen-mehrwert-hat-moderne-literatur-1438868.html; letzter Aufruf: 03.09.2019)

Hinweis:
Marcel Reich-Ranicki (1920–2013) war ein deutsch-polnischer Publizist und Schriftsteller. Er galt zu Lebzeiten als einflussreichster und bekanntester Literaturkritiker.

Mit seiner Autobiografie „Mein Leben" hat Reich-Ranicki selbst ein Stück Literaturgeschichte verfasst.

4.3.4 Exzerpieren

Eine Sonderform der Textwiedergabe ist das Exzerpt (das Herausgeschriebene oder „Herausgepflückte"). Beim Exzerpieren ziehen Sie, ebenso wie beim Konspekt, wichtige Fakten, Informationen und Argumente aus einem Text heraus; allerdings nehmen Sie die Bearbeitung bereits unter einer konkreten Aufgabenstellung vor und notieren sich nur dazu passendes Material. Genau genommen ist das Exzerpieren also eine Form der selektiven Bearbeitung eines Textes.

selektiv = auf einer Auswahl beruhend; auswählend

Notwendig für Ihre wissenschaftliche Arbeit ist ein Exzerpt, weil Sie mit seiner Hilfe Erkenntnisse rekapitulieren können, ohne den Text nochmals lesen zu müssen. Deshalb ist es wichtig, dass Sie sich die Quelle des Textes bei Ihren dazugehörigen Aufzeichnungen notieren und bei direkten Zitaten die genaue Fundstelle angeben.

Wichtige Hinweise zur Erstellung eines Exzerpts:
- Notieren Sie in einem „Exzerpt-Kopf" folgende Angaben:
  - Autorin/Autor, Titel des Textes
  - Quellenangabe, eventuell Fundort (Bibliothek, Internet)
  - Datum der Erstellung des Exzerpts
  - Themenbeschreibung
- Trennen Sie den Kopf durch einen Strich vom Hauptteil.
- Notieren Sie im Hauptteil die konkrete Fragestellung, unter der Sie den Text gelesen haben.
- Kennzeichnen Sie direkte und indirekte Zitate und ergänzen Sie die Quellenangabe durch die Seitenangabe, so ersparen Sie sich spätere Nachforschungen.
- Machen Sie wichtige inhaltliche Zusammenhänge transparent, indem Sie sich Notizen zum Argumentationsaufbau der Autorin/des Autors machen.
- Am Ende des Exzerpts können Sie notieren, in welcher Weise Sie den Text nutzen wollen (z. B. in welchem Kapitel Sie ein Zitat aus dem Exzerpt einfügen möchten).

Ihr Exzerpt können Sie z. B. so aufbauen:

Thema	
Bibliografische Angaben	
Fundort/Datum	
Anmerkungen	

Seite	Thema	Aussage	Notizen

paraphrasieren = einen Text sinngemäß wiederholen bzw. mit eigenen Worten umschreiben

Konjunktiv I: Diese Form wird v. a. in der Schriftsprache zur Wiedergabe der indirekten Rede verwendet (z. B.: Der Wissenschaftler erwiderte, er könne beweisen, dass seine Theorie richtig sei.). → siehe hierzu auch S. 62

Tipps zur Sprache des Exzerpts:
- Formulieren Sie in ganzen Sätzen.
- Paraphrasieren Sie mit eigenen Worten. Damit beweisen Sie, dass Sie den Text verstanden haben.
- Verwenden Sie die unpersönliche Form (vgl. „Hinweis" auf S. 57).
- Kennzeichnen Sie direkte Zitate unbedingt mit Anführungszeichen.
- Verwenden Sie bei indirekten Zitaten den Konjunktiv I.

Praxisübung: Erstellen eines Exzerpts anhand eines Textbeispiels

Aufgaben:

1. Formulieren Sie eine Fragestellung zum Thema des nachfolgenden Zeitungsberichts.
2. Erstellen Sie ein Exzerpt zum Bericht.

Lehrer schlagen Alarm: Hass verroht die Sprache

Aggressive Wortwahl, Kränkungen und Beleidigungen nehmen auf dem Schulhof und in der Gesellschaft zu

Lehrern schlägt immer öfter ungefilterter Hass von Schülern entgegen. Die Sprache auf den Schulhöfen werde zunehmend aggressiver und hasserfüllter, sagen die Pädagogen. Der Bayerische Lehrerverband (BLLV) schlägt deshalb Alarm und präsentiert das Manifest „Haltung zeigen" gegen die Verrohung der Sprache.

„Wir beobachten mit größter Sorge, wie sich die Stimmung, die Kommunikation in den sozialen Netzwerken und die alltäglichen Umgangsformen in unserer Gesellschaft verändern", zitiert BLLV-Präsidentin Simone Fleischmann das Manifest. Und weiter: „Diese Verrohung des Umgangs wirkt sich auch auf unsere Kinder und Jugendlichen aus."

Das sei seit Jahren ein schleichender Prozess, sagt Udo Beckmann, Bundesvorsitzender des Verbands Bildung und Erziehung, zu dem auch der BLLV gehört. „In letzter Zeit hat diese Entwicklung aber deutlich zugenommen." […]

Soziale Netzwerke seien mitverantwortlich

Ludwig Eichinger, Leiter des Instituts für Deutsche Sprache in Mannheim, macht die Sozialen Netzwerke für die Verrohung mitverantwortlich: „Durch Twitter und Facebook beeinflusst inzwischen eine informelle Diskurskultur die öffentliche Debatte", sagt Eichinger. „Es ist nicht die Sprache, die verroht. Es ist der Sprachgebrauch."

Das wird durch die scheinbare Anonymität des Internets begünstigt. Zwar versuchen die Betreiber sozialer Netzwerke, Nutzer mit Fantasienamen zu blockieren oder zur Verwendung ihrer echten Identität zu bewegen. Trotzdem ist die Hemmschwelle niedriger, Beleidigungen vor dem Bildschirm oder dem Handy-Display zu tippen, als jemandem Diskriminierungen und Kränkungen direkt ins Gesicht zu sagen.

Neurologe und Psychotherapeut Joachim Bauer (Uniklinik Freiburg) sieht zwischen aggressiver Sprache und aggressivem Verhalten einen engen Zusammenhang. „Beschimpfungen und Demütigungen lösen im Gehirn erst Schmerz, dann Aggression aus", sagt Bauer. Hasssprache erhöhe die Bereitschaft, selbst gewalttätig zu handeln. Bauer macht dafür den Ton aktueller politischer Debatten verantwortlich. Dass Schüler in ihren Äußerungen mal über das Ziel hinausschießen, sei nicht das Problem, sagt Bauer. „Wir brauchen aber einen Konsens, dass bestimmte Dinge einfach nicht gehen." Und Simone Fleischmann betont: „In der Schule von heute sitzt die Gesellschaft von morgen."

(Quelle: Klüter, Thomas: Lehrer schlagen Alarm: Hass verroht die Sprache, 08.09.2016, in: Neue Westfälische; zitiert nach: https://www.nw.de/nachrichten/regionale_politik/20910017_Lehrer-schlagen-Alarm-Hass-verroht-die-Sprache.html; letzter Aufruf: 27.05.2019)

4.3.5 Statistiken interpretieren

Statistik = systematische Zusammenstellung der Ergebnisse von Massenuntersuchungen, meist in Form von Tabellen oder grafischen Darstellungen

Diagramm = grafische Darstellung von Zahlenwerten bzw. Größenverhältnissen in anschaulicher, leicht überblickbarer Form

Statistische Daten werden häufig als Tabellen oder optisch aufbereitet in Form von Diagrammen dargestellt. So können die wesentlichen Informationen komprimiert und übersichtlich präsentiert werden und müssen nicht erst mühsam aus dem Text herausgelesen werden. Im Rahmen Ihrer wissenschaftlichen Arbeit müssen auch Sie in der Lage sein, die in Statistiken enthaltenen Informationen auszuwerten.

Wichtige Hinweise zur Auswertung von Statistiken:

- Informieren Sie sich, wer die Daten erhoben bzw. die Statistik veröffentlicht hat (z. B. das Statistische Bundesamt). Diese Information ist wichtig, um die Seriosität der Quelle und somit die Bedeutsamkeit der statistischen Daten zu benennen.
- Lesen Sie zunächst die Über- und gegebenenfalls auch Unterschrift der Tabelle bzw. des Diagramms, da hier ersichtlich wird, worum es in der Statistik geht.
- Machen Sie sich bewusst, in welcher Form das statistische Material dargestellt wird (Tabelle oder Diagramm) und mit welcher Art von Diagramm Sie es gegebenenfalls zu tun haben. Die Darstellungsart entscheidet darüber, wie Sie an die Analyse herangehen müssen (z. B. Orientierung an den Achsen eines Liniendiagramms oder den Pfeilen eines Strukturdiagramms).
- Informieren Sie sich darüber, in welcher Form die Werte angegeben werden, z. B.:
  - Sind die Zahlenwerte exakt angegeben, gerundet oder geschätzt?
  - Handelt es sich um absolute/relative Zahlen, Prozentangaben oder Indexzahlen?
  - Wie sind die Achsen eingeteilt?
- Prüfen Sie die Angaben zum Zeitpunkt oder Zeitraum der Erhebung, damit Sie wissen, auf welchen zeitlichen Rahmen sich die statistischen Daten beziehen.
- Nun können Sie die Statistik auswerten (z. B. Minimal- und Maximalwerte, Verlaufsphasen oder Häufigkeitsverteilungen benennen), Entwicklungen oder Trends beschreiben und gegebenenfalls Vergleiche mit anderen Statistiken anstellen oder Zusammenhänge aufzeigen.
- Fassen Sie die aus dem Schaubild gewonnenen Erkenntnisse zusammen und ziehen Sie Schlussfolgerungen.

Praxisübung: Auswertung unterschiedlicher Diagrammformen

Aufgabe:

■ Werten Sie die nachfolgend abgebildeten Diagramme aus. Formulieren Sie jeweils einen zusammenhängenden Text, in dem Sie Ihre Ergebnisse zusammenfassen.

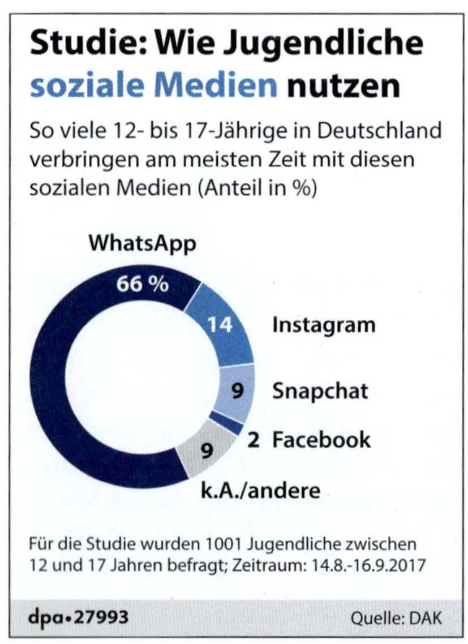

a) Kreisdiagramm

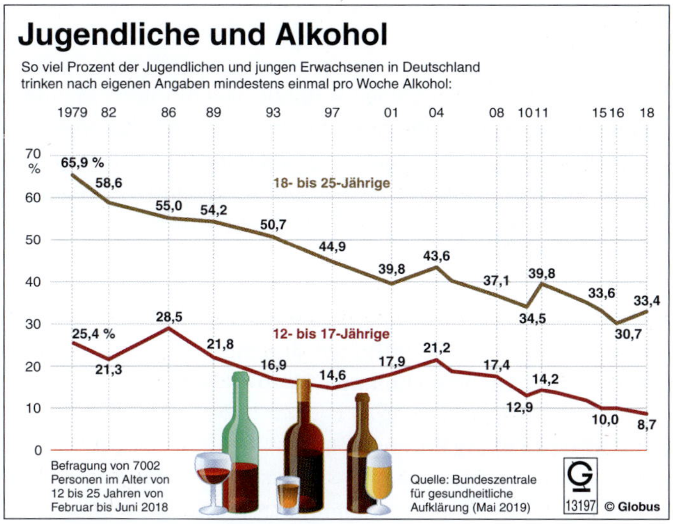

b) Liniendiagramm

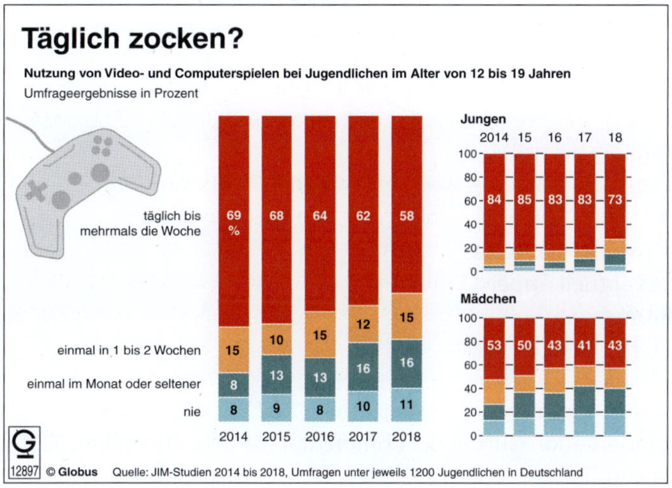

c) Säulendiagramm

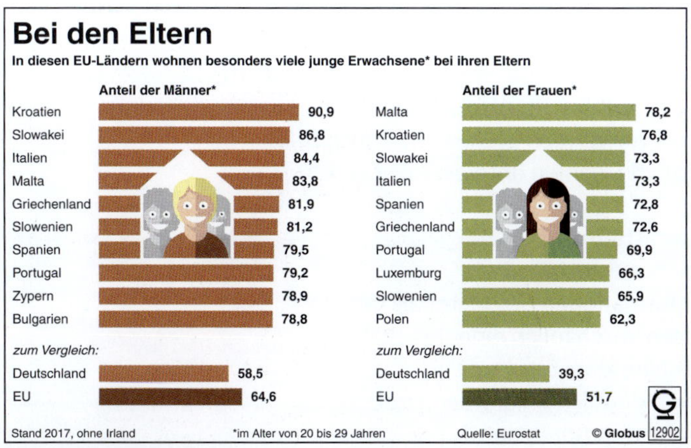

d) Balkendiagramm

Beachten Sie die Hinweise auf dieser Doppelseite, dann läuft es bei Ihnen sicher besser ...

Hinweis:
Das Schreiben eines Kommentars gehört zum Aufgabentyp „materialgestütztes Verfassen informierender oder kommentierender Texte" (vgl. Bildungsstandards Deutsch).

Mögliche Themen im Abitur:
- **Sprache:** aktuelle Entwicklungen der deutschen Sprache: Sprachnormen, Sprachwandel, Sprachverfall, Sprachvarietäten
- **Medien:** Medienbegrifflichkeiten, Medienwandel, Medienkritik, mediales Handeln heute
- **Lesen und Literatur:** Leseprozess, persönliche Leseerfahrungen, Funktion und Wirkung von Literatur

4.3.6 Kommentieren

Mitunter wird von Ihnen im Rahmen Ihrer Facharbeit verlangt, eine fundierte Meinung zu einem Problem abzugeben. Dies kann unter anderem in Form eines Kommentars geschehen. Diese Textsorte dient dazu, sich argumentierend mit der in der Fragestellung und dem Ausgangsmaterial angesprochenen Thematik auseinanderzusetzen.

Um einen anspruchsvollen Kommentar zu formulieren, sind zunächst umfangreiche Quellenstudien notwendig, um sich über die aktuelle Forschungslage zu informieren. Das heißt, sie müssen recherchieren, analysieren, konspektieren, exzerpieren und Diagramme und Tabellen auswerten – all diese Methoden sind Ihnen nun bekannt und können von Ihnen genutzt werden, um einen Kommentar zu schreiben.

Wichtige Hinweise zum Verfassen eines Kommentars

Inhalt:
- Vom eigenen Standpunkt aus (Zustimmung, Ablehnung, teilweise Zustimmung) wird ein Thema differenziert erörtert (Vogelperspektive).
- Das Thema wird in einen großen Zusammenhang gestellt, wobei weiterführende, mitunter auch provokante Positionen zur Argumentation genutzt werden können.

Aufbau:
- Überschrift
- interessante Hinführung zum Thema
- Informationsteil
- Argumentationsteil
- Zusammenfassung/Lösung/Synthese
- pointierter Schluss, eventuell Appell
- Name, Wohnort, Datum

Methode:
- Argumentation (These – Argument – Beispiel; siehe S. 82 f.), Streitgespräch
- Wiedergabe der Argumentation, auf die der Kommentar reagiert, kurzhalten (Quellenangabe nicht notwendig)

Sprache:
- Die eigene Überzeugung anschaulich, authentisch, lebendig, originell und pointiert vortragen (keine „Ich-Perspektive" verwenden!).
- Den Adressatenbezug beachten (An wen richtet sich der Text?).
- Den Stil festlegen (z. B. sachlich, ironisch, polemisch).
- Rhetorische Stilmittel verwenden (siehe hierzu auch S. 83).
- Die Überschrift sorgfältig wählen (Interesse wecken).

Checkliste für die Überarbeitung:
- Wurde die Textsorte beachtet?
- Wurden wichtige Informationen des Materials genutzt?
- Wurde eigenes Wissen anschaulich eingebracht?
- Hat der Kommentar eine klare Struktur?
- Ist die eigene Position deutlich erkennbar (Fazit)?
- Entspricht die Sprache den Adressaten?
- Ist die Überschrift interessant? Würden Sie diesen Kommentar lesen wollen?
- Ist die sprachliche Gestaltung fehlerfrei?

11 Dinge, die Sie beachten müssen:

1. Analysieren Sie die Aufgabenstellung (Adressat, Thematik, konkrete Fragestellung).
2. Bestimmen Sie die Kommunikationssituation (Zielgruppe, Kommunikationsabsicht, Textsorte).
3. Notieren Sie eigene Einfälle zum Thema.
4. Sichten und ordnen Sie das Ausgangsmaterial. Welchen Wert hat es für die Aufgabenstellung?
5. Fassen Sie alle nützlichen Informationen auf einem Arbeitsblatt zusammen.
6. Legen Sie Ihren Standpunkt fest.
7. Entwerfen Sie unter Beachtung der Aufgabenstellung und des „roten Fadens“ (vgl. S. 56) eine Gliederung für Ihren Text in Stichpunkten. Ihr Standpunkt muss klar zu erkennen sein.
8. Wählen Sie sprachliche Mittel, die den Text pointiert und originell wirken lassen (z. B. Zitate, Redewendungen, rhetorische Stilmittel).
9. Kontrollieren Sie, ob Sie alle Vorgaben beachtet haben.
10. Formulieren Sie die Stichpunkte aus und verbinden Sie die einzelnen Textteile durch Überleitungen. Überschrift, interessante Hinführungen und Schlussbemerkungen nicht vergessen!
11. Kontrollieren Sie Ausdruck und Rechtschreibung.

Bewertungskriterien für Kommentare (Auswahl):
- Themenerfassung (Zielgruppe, Themenstellung)
- Einbeziehung von Material
- eigenes Wissen
- eigene Positionierung
- originelle Überschrift
- Erkennbarkeit einer Struktur/Gliederung
- adressatengerechte Darlegung
- Originalität
- stilistische Qualität („Gestaltung“)
- Einhaltung sprachlicher Normen
- Umfang
- Anforderungsbereich
- nicht zu umfangreiche Wiedergabe der Ausgangstexte

Praxisübung: Einen Kommentar zu einem bestimmten Thema verfassen

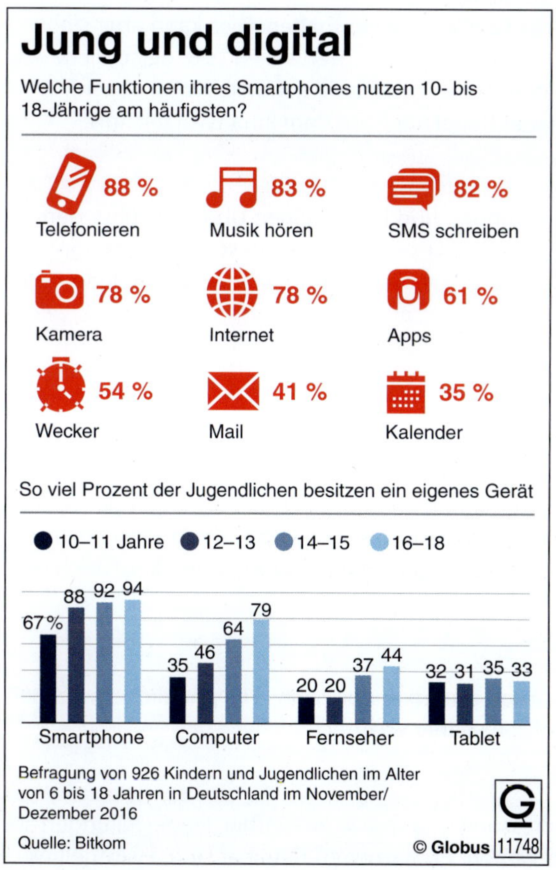

Aufgabe:

- Verfassen Sie für eine überregionale Zeitung einen Kommentar (ca. 800 Wörter) zum Thema: „Smartphones im Alltag von Kindern und Jugendlichen – eine soziale Herausforderung!“. Nutzen Sie hierfür die Informationen aus dem abgebildeten Schaubild und beziehen Sie eigene Erfahrungen mit ein.

5 Strukturieren/Schreiben/Zitieren

5.1 Die einzelnen Bestandteile der Facharbeit

Formale Anforderungen bei der Erstellung einer Facharbeit am PC → siehe S. 52

Nachdem Sie eine gründliche Recherche durchgeführt und die Auswertung der gefundenen Quellen beendet haben, beginnen Sie mit der schriftlichen Ausarbeitung Ihrer Facharbeit am PC und, falls erforderlich, der weiteren Eingrenzung Ihres Themas.

Ihre Facharbeit sollte im Einzelnen folgende Teile aufweisen:

Vorschlag für die Titelblattgestaltung → siehe S. 50

Deckblatt/Titelblatt
Das Titelblatt sollte folgende Angaben enthalten:

- Name und Anschrift der Schule
- Jahrgangsstufe, Schuljahr
- Thema der Arbeit (Titel/Untertitel)
- Fach/Kurs
- Verfasserin/Verfasser
- Fachlehrerin/Fachlehrer
- Abgabedatum
- Unterschrift der Fachlehrerin/des Fachlehrers

Vorwort (Prolog) = Einleitung zu einem literarischen Werk bzw. Vorrede

Vorwort
Eine Facharbeit muss nicht zwingend ein Vorwort enthalten. Dies kann aber sinnvoll sein, falls bestimmte Vorbemerkungen gemacht werden sollen (z. B. persönliche Äußerungen zur Entstehung der Arbeit, Lesehinweise oder Dankesäußerungen). Wird ein Vorwort verwendet, steht es in der Regel noch vor dem Inhaltsverzeichnis.

Inhaltsverzeichnis → siehe S. 53

Tipp:
Beispiele für den Aufbau eines Inhaltsverzeichnisses finden Sie vorne in diesem Buch auf S. 3 f. oder in der von Ihnen verwendeten Fachliteratur.

Inhaltsverzeichnis
Das Inhaltsverzeichnis gibt den Leserinnen und Lesern einen Überblick über den Inhalt Ihrer Arbeit und folgt direkt nach dem Titelblatt bzw. direkt nach dem Vorwort. Oben auf der Seite muss die Überschrift „Inhaltsverzeichnis" stehen und zu jedem Eintrag wird rechtsbündig die Seitenzahl notiert, auf der das jeweilige Kapitel, Verzeichnis, die Anlage o. Ä. beginnt.

Einleitung → siehe S. 58

Einleitung
Die Einleitung ist der erste Teil Ihrer eigentlichen inhaltlichen Ausarbeitung und somit ein zwingender Bestandteil der Facharbeit. Mit der Einleitung beginnt die Nummerierung der Kapitel (Einleitung = Kapitel 1) und zumeist auch das Einfügen der Seitenzahlen am Seitenende, das ab hier fortlaufend bis zum Ende der Arbeit – inklusive Selbstständigkeitserklärung – erfolgt (zur Seitennummerierung unbedingt auch Hinweise auf S. 52 beachten!).

Hinweis:
Der Begriff „Hauptteil" taucht weder im Inhaltsverzeichnis noch im Text als Überschrift auf.

Hauptteil
Hier muss der „rote Faden" Ihrer Arbeit gut erkennbar sein. Die inhaltliche Ausarbeitung des Hauptteils wird in Kapitel 5.3.2 näher erläutert.

Schluss/Fazit → siehe S. 59

Schluss/Fazit
Das Fazit gibt eine Kurzzusammenfassung und spricht zukünftige Fragestellungen an, die gegebenenfalls als Thema für weitere Facharbeiten denkbar sind. Eventuell werden offene Fragen benannt. Nach dem Fazit ist die Nummerierung beendet.

Prüfen Sie Aufbau und Vollständigkeit Ihrer Facharbeit gewissenhaft

Tipp:
Erfragen Sie an Ihrer Schule eventuell vorhandene Formvorgaben für die Reihenfolge und Nummerierung der einzelnen Bestandteile Ihrer Facharbeit.

Quellenverzeichnis
Dieses Verzeichnis ist nur bei der Arbeit mit Fußnoten notwendig. Hier werden alle Quellen, so wie sie der Reihe nach verwendet wurden, nummeriert aufgelistet.

Literaturverzeichnis
Im Literaturverzeichnis werden alle verwendeten Bücher, Zeitungen, Zeitschriften und anderen Publikationsformen (vgl. Kapitel 3.1.2) alphabetisch nach Autorennamen geordnet aufgelistet. Auch Internetquellen müssen genau angegeben werden.

Literatur- und Quellenverzeichnis → siehe S. 66f.

Anhang/Anlagen
In den Anhang übernehmen Sie ergänzende und vertiefende Hinweise, die für das Verständnis nicht wesentlich sind und die Sie in der Arbeit selbst nicht unterbringen können oder wollen (z.B. Abbildungen, Tabellen, Grafiken, Diagramme, Protokolle, Interviews u. Ä.). Jede Anlage muss in einem direkten Bezug zu einer bestimmten Textstelle der Arbeit stehen und benötigt eine durchnummerierte Anlagennummer (beginnend mit 1) sowie eine Überschrift.

Selbstständigkeitserklärung
In ihr versichern Sie, dass Sie die Arbeit selbstständig angefertigt haben und dafür ausschließlich die angegebenen Quellen und Hilfsmittel verwendet haben. Ein Muster für eine solche Erklärung finden Sie auf der nachfolgenden Doppelseite.

Tipp:
Erkundigen Sie sich, ob es an Ihrer Schule Vorgaben für den konkreten Wortlaut der Selbstständigkeitserklärung gibt.

Aufgaben:

1. Informieren Sie sich im Internet über Sinn und Zweck eines Vorworts und überlegen Sie, ob Sie Ihrer Arbeit eines voranstellen möchten.

2. Prüfen Sie, ob Sie für die Bearbeitung Ihres Themas einen Anhang benötigen und welche Materialien Sie dort gegebenenfalls unterbringen möchten.

Mustervorlage „Titelblatt“:

Name der Schule
Schulstraße 2
12345 Musterstadt

Jahrgangsstufe/Schuljahr

Facharbeit im
Leistungskurs Deutsch

Thema:
Juli Zeh „Corpus Delicti“ und James Orwell „1984“
– ein Vergleich

Verfasser/-in:
Fachlehrer/-in:
Abgabedatum:
Note/Punkte:

Unterschrift Verfasser/-in: ____________________

Unterschrift Fachlehrer/-in: ____________________

Mustervorlage „Selbstständigkeitserklärung“:

Selbstständigkeitserklärung

Hiermit erkläre ich, dass ich die vorliegende Arbeit selbstständig und ohne fremde Hilfe verfasst und keine anderen Hilfsmittel als angegeben verwendet habe. Insbesondere versichere ich, dass ich alle wörtlichen und sinngemäßen Übernahmen aus anderen Werken als solche kenntlich gemacht habe.

Ort/Datum: ______________________ Unterschrift: ______________________

Mustervorlage „Vorbereitung auf die Konsultation“:

Konsultation = Beratung mit Fachperson (z. B. Fachlehrer/-in); Besprechung

Vorbereitung auf die Konsultation

Datum: __________ Uhrzeit: __________ Ort: ______________

Gesprächspartner: ________________________________

Gegenstand des Gesprächs/Fragen:

____

____

____

Unterlagen, die mitzunehmen sind:

____

____

____

Festlegungen, die zu treffen sind:

____

____

____

Bestätigung der Betreuerin/des Betreuers einholen zu:

____

____

____

Festlegungen für die nächste Konsultation:

____

____

____

5.2 Formale Anforderungen

5.2.1 Seiteneinrichtung und andere Formvorgaben

Da die Formvorgaben für die äußere Gestaltung der Facharbeit von Schule zu Schule variieren, informieren Sie sich über die konkreten Anforderungen am besten bei Ihrer Betreuerin/Ihrem Betreuer.

Generell vorausgesetzt wird, dass die Arbeit am PC erstellt wird und Sie mit den entsprechenden Textverarbeitungsprogrammen umgehen können. Achten Sie außerdem darauf, dass die einzelnen Seiten übersichtlich und einheitlich gestaltet sind und vermeiden Sie auffällige Hervorhebungen oder ungewöhnliche Schriftarten. In den Normen DIN 5008 und ISO 690 finden Sie allgemeine Hinweise zur formalen Gestaltung von Schriftstücken und Zitaten.

Gebräuchliche Vorgaben für die äußere Form:

- **Papier:** DIN A4, Hochformat, unliniert, einseitig bedruckt
- **Text:** Blocksatz (automatische Silbentrennung einschalten)
- **Seitenränder:**
  - oberer Rand: 2,5 cm – unterer Rand: 2 cm
  - linker Rand: 2,5 cm – rechter Rand: 2,5 cm

  (Ausnahmen: feste Heftung: links 4 cm; Korrekturrand: rechts 5 cm)
- **Kopf- und Fußzeile:** 1,25 cm (voreingestellt)
- **Zeilenabstand:** 1,5 Zeilen (manuell einzustellen)
- **Seitenzahlen:** zentriert und fortlaufend in Fußzeile
- **Seitennummerierung:** beginnt häufig erst mit der Einleitung (Titelblatt = Seite 1, Inhaltsverzeichnis = Seite 2 → beide werden mitgezählt, aber nicht mit Seitenzahlen nummeriert → siehe hierzu auch Tipp in der Randspalte)
- **Schrift/Schriftgröße:**
  - Arial 11 oder Times New Roman 12 (Ausnahmen: Überschriften größer, je nach Hierarchie; Kopf- und Fußzeilen sowie Tabellen- und Bildunterschriften kleiner)
  - eingerückte Zitate kursiv
  - Überschriften fett
- Abschnittsüberschriften werden mit Leerzeile vom Text davor und danach getrennt
- einzelne Absätze werden mit Leerzeile voneinander getrennt (wichtig: es darf nicht nur eine einzelne Zeile eines Absatzes auf einer anderen Seite stehen, sondern mindestens immer zwei Zeilen)
- vor und nach Einrückungen (z. B. bei längeren Zitaten) Leerzeilen
- Bilder mit mindestens 2 mm vom Text abgrenzen; nur über die Ecken vergrößern
- Anlagen müssen gesondert nummeriert werden
- nach Wörtern, Zahlen, Frage- und Ausrufezeichen, Doppelpunkt, Gedankenstrich, Semikolon und Punkt steht jeweils ein Leerzeichen (Ausnahmen: Geldangaben, die mit Punkt abgetrennt werden, z. B. 2.500 Euro; Datumsangaben – hier drei Varianten möglich: 15.10.2017, 15. Oktober 2017 [üblich im Fließtext] oder 2017-10-15)
- Uhrzeitenangaben mit Doppelpunkt, z. B.: 12:15 Uhr
- Kapitelnummern, Kapitelüberschriften und Seitenzahlen im Inhaltsverzeichnis jeweils in einer einheitlichen Fluchtlinie anordnen (Übersichtlichkeit!)
- keine Klarsichthüllen in der Arbeit verwenden

Aufgabe:

■ Legen Sie ein Dokument an, in dem Sie diese Vorgaben berücksichtigen.

Einstellungen in Microsoft Word:

- Im **Menü Start** können Sie u. a. diese Einstellungen vornehmen: Schriftart und -größe, Schriftfarbe, Zeilenausrichtung, Nummerierung/Aufzählung, Zeilen- und Absatzabstand, Formatvorlagen.
- Im **Menü Layout** können Sie u. a. folgende Einstellungen vornehmen: Seitenränder (benutzerdefiniert), Silbentrennung.

Tipp:
Wollen Sie die Seitennummerierung z. B. erst auf Seite 3 beginnen, müssen Sie das Dokument zuerst in Abschnitte einteilen. Gehen Sie dazu mit dem Cursor an das Ende von Seite 2. Klicken Sie anschließend auf *Layout → Umbrüche → Abschnittsumbrüche → Nächste Seite*, um den Text in zwei Abschnitte zu unterteilen. Durch einen Doppelklick auf das Ende der Seite nach dem Umbruch öffnet sich das Menü *Kopf- und Fußzeile*. Klicken Sie dort auf *Mit vorheriger verknüpfen*, um die Verknüpfung der Fußzeilen zu deaktivieren. Nun können Sie den beiden Abschnitten unabhängig voneinander Seitenzahlen zuweisen.

Tipp:
Klären Sie rechtzeitig vor dem Abgabetermin, ob die Arbeit in einem Schnellhefter eingereicht werden kann oder ob eine professionelle Bindung (online oder Copyshop) verlangt wird.

5.2.2 Inhaltsverzeichnis

Das Inhaltsverzeichnis muss den Aufbau der Arbeit exakt abbilden. Zu Beginn wird gegebenenfalls das Vorwort aufgeführt (ohne Kapitelnummerierung). Dann folgt die eigentliche Gliederung mit den entsprechenden Kapitelnummern (vgl. Kapitel 5.3.1). Im Anschluss an die Gliederung stehen – in der Regel ohne Kapitelnummer – das Quellen-/Literaturverzeichnis und nachfolgend eventuell weitere Anlagen und Verzeichnisse (z. B. Abbildungs-, Tabellen-, Formel- oder Abkürzungsverzeichnis), gefolgt von der Selbstständigkeitserklärung.

Bestandteile und Aufbau der Facharbeit → vgl. S. 48 f.

Zu jedem Eintrag, der im Inhaltsverzeichnis steht, wird in der gleichen Zeile rechtsbündig die dazugehörige Seitenzahl aufgeführt. So lassen sich die einzelnen Inhalte schnell auffinden.

Während der Ausarbeitung des Hauptteils verändern Sie mitunter die Überschriften oder den Umfang der Kapitel, was Sie jeweils auch in Ihrem Inhaltsverzeichnis berücksichtigen müssen. Textverarbeitungsprogramme bieten Ihnen hier die Möglichkeit, Formatvorlagen zu generieren, die automatisch Veränderungen in Inhaltsverzeichnis oder Text übernehmen und alle Bereiche vereinheitlichen. So ersparen Sie sich aufwendige Schreibarbeit.

Beispiel für eine Gliederung:
- Einleitung
- Leben und Werk des Autors
- Kindheit in der Abgeschiedenheit des Dorfes
- Das Leben mit Büchern
- Einsamkeit als Gewinn
- Lehr- und Studienjahre
- Die Qual der Wahl
- Berufsausbildung
- Studienjahre
- Der Weg in den Beruf
- Berufsanfänger
- Künstlerdasein (usw.)

Blau = Überschrift 1
Grün = Überschrift 2
Schwarz = Überschrift 3

Erstellen eines automatischen Inhaltsverzeichnisses mit Microsoft Word

Fertigen Sie zunächst eine Gliederung an (siehe hierzu auch Kapitel 5.3.1) und gehen Sie anschließend folgendermaßen vor:

1. **Nummerierungsformat auswählen:** Legen Sie zunächst fest, welches Nummerierungsformat Sie wünschen und welche Überschriften ersten, zweiten oder dritten Grades sein sollen (siehe Beispiel in der Randspalte): Menü *Start* → *Absatz* → *Liste mit mehreren Ebenen* → gewünschtes Nummerierungsformat auswählen.
2. **Überschriften formatieren:** Überschrift 1 markieren → Menü *Start* → *Formatvorlagen* → Vorlage für *Überschrift 1* (= erste Gliederungsebene) anklicken → Überschrift ist formatiert. Alle weiteren Überschriften aller Ebenen ebenso formatieren. Automatisch erscheint nun die gewünschte Nummerierung in der entsprechenden Überschrift.
3. **Dokumentformatierung auswählen:** Im Menü *Entwurf* können Sie aus den vorhandenen Vorlagen eine ansprechende Dokumentformatierung auswählen.
4. **Inhaltsverzeichnis abrufen:** Zum Schluss gehen Sie in das Menü *Referenzen* (Verweise) → *Inhaltsverzeichnis* links anklicken → Ihr formatiertes Inhaltsverzeichnis erscheint grau unterlegt als Feld.

Hinweis:
Lassen Sie sich nicht davon irritieren, dass Word Ihnen zunächst nur Formatvorlagen für zwei Überschriftenebenen anbietet. Sobald Sie beide nutzen, erscheinen weitere Überschriftenformate zur Auswahl.

Hinweis:
Sie können die in Word vorhandenen Formatvorlagen bei Bedarf auch ändern und an Ihre Bedürfnisse anpassen oder eigene, neue Formatvorlagen definieren.

Sobald Sie nun in Ihrem Dokument eine Überschrift verändern, ergänzen oder löschen, erhalten Sie durch die Aktualisierung des Verzeichnisses (Menü *Referenzen* → *Inhaltsverzeichnis aktualisieren*) sofort ein aktuelles Inhaltsverzeichnis, völlig ohne manuelle Anpassungen.

Tipp:
Über das Inhaltsverzeichnis gelangen Sie ganz schnell zu jedem Kapitel: Strg-Taste gedrückt lassen → mit Cursor auf das gewünschte Kapitel klicken → Cursor springt auf die entsprechende Seite im Dokument.

Aufgabe:
- Üben Sie das Anlegen eines Inhaltsverzeichnisses zunächst mit einer überschaubaren Gliederung, die Sie sich selbst ausdenken. Informieren Sie sich dabei über alle Nummerierungsformate, Formatvorlagen und Dokumentformatierungen, die Ihr Textverarbeitungsprogramm Ihnen anbietet. Natürlich können Sie auch benutzerdefinierte Formate erstellen.

5.3 Inhaltliche Ausarbeitung

5.3.1 Gliederung

roter Faden → siehe S. 56

Die Gliederung (unterteilt in Einleitung, die Kapitel des Hauptteils und den Schluss) gibt einen Einblick in die Struktur Ihrer Arbeit und den logischen Ablauf Ihrer Argumentation. Alle Kapitel und Unterkapitel werden lückenlos und übersichtlich der Reihe nach aufgeführt, wobei ein „roter Faden" erkennbar sein sollte.

Fertigen Sie zunächst eine Grobgliederung Ihrer Arbeit an, bevor Sie mit dem Schreiben beginnen. Diese dient Ihnen als Grundgerüst für die inhaltliche Ausarbeitung und kann später nach Bedarf noch weiter ausdifferenziert werden. Dabei haben Sie die Wahl zwischen folgenden Varianten zur Nummerierung (Klassifikation):

Inhaltsverzeichnis mit Dezimalklassifikation (numerische Klassifikation)	Inhaltsverzeichnis mit gemischter Klassifikation (alphanumerische Klassifikation)
1 Einleitung 2 Hauptteil 2.1 Kapitel 2.1.1 Unterkapitel 1 2.1.2 Unterkapitel 2 2.2 Kapitel 2.2.1 Unterkapitel 1 2.2.2 Unterkapitel 2 3 Schluss/Fazit	I (oder A) Einleitung II (oder B) Hauptteil 1 Kapitel 1.1 (oder a) Unterkapitel 1 1.2 (oder b) Unterkapitel 2 2 Kapitel 2.1 (oder a) Unterkapitel 1 2.2 (oder b) Unterkapitel 2 III (oder C) Schluss/Fazit

Hinweis:
Formulieren Sie die Kapitelüberschriften möglichst knapp, aber dennoch aussagekräftig – aus der Überschrift muss klar hervorgehen, worum es in dem jeweiligen Kapitel geht.

Wichtige Hinweise zur Erstellung einer Gliederung:
- Halten Sie das Inhaltsverzeichnis möglichst übersichtlich und vermeiden Sie eine allzu detaillierte Gliederung mit vielen Unterkapiteln.
- Wollen Sie ein Kapitel untergliedern, benötigen Sie mindestens zwei Unterkapitel auf der gleichen hierarchischen Ebene (z. B. 3.1.1, 3.1.2). Getreu dem Motto: Wer A sagt, muss auch B sagen.
- Finden Sie zu einem neuen Unterkapitel kein zweites, müssen Sie die Inhalte noch in das darüber liegende Kapitel einbringen.
- Nach der letzten Ziffer einer Nummerierung wird kein Punkt gesetzt.
- Zwischen erster und zweiter Gliederungsebene steht kein Text.

Beispiel: Gliederung zu einer Facharbeit im Fach Deutsch

1 Einleitung
2 Die neuen Aufgabentypen der Bildungsstandards zum Erwerb der Allgemeinen Hochschulreife im Fach Deutsch
    2.1 Interpretation literarischer Texte
        2.1.1 Beschreibung der Aufgabenanforderung
            2.1.1.1 Beispielaufgabe 1: Textinterpretation Kurzgeschichte: Monika Hähnel: Hin und weg
            2.1.1.2 Beispielaufgabe 2: Textinterpretation Lyrik: Bas Böttcher: Dran glauben
            2.1.1.3 Beispielaufgabe 3: Textinterpretation Gedichtvergleich: Goethe: Reisezehrung; Brecht: Entdeckung an einer jungen Frau
        2.1.2 Bewertungskriterien

2.2 Erörterung literarischer Texte
  2.2.1 Beschreibung der Aufgabenanforderung
    2.2.1.1 Beispielaufgabe 1: Borchert: Draußen vor der Tür – Zur Darstellung des Soldaten im Werk
    2.2.1.2 Beispielaufgabe 2: Frisch: Andorra – Zur Darstellung des Jüdischen im Werk
  2.2.2 Bewertungskriterien
2.3 Analyse pragmatischer Texte
  2.3.1 Beschreibung der Aufgabenanforderung – Beispielaufgabe: Schultejans, Britta: Mit der Sprache auf Kriegsfuss [sic!]
  2.3.2 Bewertungskriterien
2.4 Erörterung pragmatischer Texte
  2.4.1 Beschreibung der Aufgabenanforderung – Beispielaufgabe: Graul, Victoria: Club der coolen Dichter
  2.4.2 Bewertungskriterien
2.5 Materialgestütztes Schreiben
  2.5.1 Materialgestütztes Schreiben informierender Texte
    2.5.1.1 Beschreibung der Aufgabenanforderung – Beispielaufgabe: Lexikontext zu Stefan Heym
    2.5.1.2 Bewertungskriterien
  2.5.2 Materialgestütztes Schreiben argumentierender Texte
    2.5.2.1 Beschreibung der Aufgabenanforderung – Beispielaufgabe: Kommentar zu Chance und Fluch der Pflichtlektüre in der gymnasialen Oberstufe
    2.5.2.2 Bewertungskriterien
3 Fazit

Praxisübung: Gliederung von Textsorten

literarische Texte	pragmatische Texte	Mängelrüge
Reportage	Fabel	Referat
Ballade	normierende Sachtexte	kommentierende Sachtexte
Lyrik	appellierende Sachtexte	informierende Sachtexte
Epik	kontaktierende Sachtexte	Komödie
Mahnung	Kommentar	Dramatik
Märchen	Ode	Cuplet
Antrag	Gesetzestext	Tragödie
Liebesbrief	Roman	Hymne
Einladung	Novelle	Bericht
Werbebrief	Leitartikel	Beschreibung
Protokoll	Rezension	Anfrage
Vertrag	Kurzgeschichte	Gebrauchsanweisung

Aufgaben:

1. Überprüfen Sie die Gliederung oben in der Randspalte und benennen Sie fehlende Teilkapitel.

2. Ordnen Sie die Textsorten aus obiger Tabelle logisch und erstellen Sie eine Dezimalgliederung. Beginnen Sie so, wie in der Randspalte unten gezeigt.

Gliederung zur Überprüfung (siehe Aufgabe 1):

1
1.1
1.1.1
1.1.1.1
1.1.1.2
1.2
1.2.1
1.2.1.1
1.2.2
1.3
1.3.1
1.3.2
1.4
1.4.1

2
2.1
2.2

3

Hinweis:
Die hier aufgeführten Textsorten (Auswahl) sind Gegenstand der Prüfungen der gymnasialen Oberstufe. Die Zuordnung in einer Gliederung ist also eine sinnvolle Prüfungsvorbereitung.

Tipp zu Aufgabe 2:
Trennen Sie zunächst literarische Texte von pragmatischen. Danach überlegen Sie sich, wie die dritte Gliederungsebene in beiden Bereichen aussehen muss:
1 Texte
1.1 Literarische Texte
1.1.1 …
1.1.2 …
1.2 Pragmatische Texte
usw.
Zum Schluss ordnen Sie die Textsorten zu. Schon haben Sie eine wichtige Prüfungsvorbereitung erledigt!

5.3.2 Hauptteil

Tipp:
Verfassen Sie den Hauptteil zuerst. Anschließend sind Sie mit der genauen Zielsetzung und den inhaltlichen Schwerpunkten Ihrer Arbeit bestens vertraut und das Schreiben der Einleitung fällt Ihnen leichter.

Der Hauptteil ist das Bindeglied zwischen Einleitung und Schluss und der wichtigste Teil Ihrer Facharbeit. Hier geht es darum, Ihr Wissen zu dem von Ihnen gewählten Arbeitsthema in eine sinnvolle Struktur zu bringen und den Weg zur Beantwortung Ihrer Forschungsfrage detailliert und nachvollziehbar darzulegen.

Der Hauptteil lässt sich inhaltlich grob untergliedern in:

1. Darlegung des aktuellen Forschungsstands, Einbettung des Themas in den theoretischen Kontext, Klärung von Fachbegriffen.
2. Ausführliche Beschreibung der methodischen Vorgehensweise (z. B. Forschungsmethode, Analyseverfahren, Durchführung, Datengrundlage).
3. Eigentliche Bearbeitung der Fragestellung, Hinleitung zu Forschungsergebnissen und neuen Erkenntnissen (z. B. Interpretation, Argumentation, Beweisführung).

Hinweis:
Bei Bedarf können Sie im Verlauf der schriftlichen Ausarbeitung sowohl die Gliederung als auch die Arbeitstitel der einzelnen Kapitel noch einmal verändern und inhaltlich anpassen.

Das vorausgewertete Material (vgl. Kapitel 4) und die Gliederung (vgl. vorheriges Kapitel) dienen als Arbeitsgrundlage für die inhaltliche Ausarbeitung des Hauptteils. Je sorgfältiger Sie bei der Materialauswertung gearbeitet haben, desto einfacher ist es jetzt, Ihre angefertigten Notizen an der entsprechenden Stelle Ihrer Gliederung einzuarbeiten und gedanklich eigenständig zu verwerten. Bei guter Vorarbeit bleibt Ihnen die erneute Durchsicht der Literatur erspart, und Sie können, auf der Basis Ihrer Aufzeichnungen und Exzerpte, direkt mit dem Schreiben der einzelnen Kapitel beginnen.

Der rote Faden

roter Faden = verbindendes, wiederkehrendes Element; Leitmotiv

Die im Inhaltsverzeichnis aufgeführten Kapitelüberschriften (inklusive Kapitelnummern) erscheinen im Hauptteil erneut und werden dort der Reihe nach schriftlich ausgearbeitet, um so zur Beantwortung Ihrer zentralen Fragestellung zu gelangen. Dabei ist es wichtig, dass die einzelnen Kapitel inhaltlich aufeinander aufbauen und in direktem Bezug zu Ihrer Forschungsfrage stehen (Stichwort „roter Faden").

Hinweis:
Der Hauptteil macht etwa 80 % des Gesamtumfangs einer Facharbeit aus – genug Raum für eine schlüssige und überzeugende Abhandlung des gewählten Arbeitsthemas.

Je nach Fach, gewähltem Untersuchungsgegenstand und Methode (z. B. theoretische Arbeit, empirische Forschung, experimenteller Versuch, handlungs- oder produktionsorientierter Ansatz) kann der inhaltliche Aufbau des Hauptteils unterschiedlich ausfallen. Insofern haben Sie gewisse Freiheiten, was die Konzeption und die Ausarbeitung anbelangt, dabei sollten Sie Ihr Ziel jedoch immer klar vor Augen haben: dass Sie mithilfe Ihrer Facharbeit eine bestimmte Fragestellung bearbeiten oder eine spezielle These begründen bzw. widerlegen möchten und dass Ihr Weg dorthin jederzeit gut nachvollziehbar ist. Wenn Sie dies bei der Bearbeitung berücksichtigen, vermeiden Sie auch die Gefahr einer Themaverfehlung.

Überzeugen Sie mit guten Argumenten

Um Ihre Schlussfolgerungen logisch zu begründen, müssen Sie diese mit Argumenten, Belegen und Beispielen untermauern. Dies gilt sowohl für Teilaspekte Ihres Themas als auch für die zentrale Fragestellung und das Fazit Ihrer Facharbeit.

Typen von Argumenten und Aufbau einer Argumentation → siehe Kapitel 6.3.3

Eine gute und stichhaltige Argumentation bildet das Kernelement jeder wissenschaftlichen Arbeit, in der Thesen nicht einfach behauptet werden dürfen, sondern erläutert und nachvollziehbar begründet werden müssen. Konzentrieren Sie sich deshalb auf die Aspekte, die Ihre Argumentation stützen und verzichten Sie auf überflüssige Inhalte ohne konkreten Bezug zu Ihrer Themenstellung oder Ihrem inhaltlichen „roten Faden".

Strukturieren Sie Ihren Text auch mithilfe der Sprache

Verwenden Sie gezielt Ausdrücke und Formulierungen, um Überleitungen zwischen den einzelnen Abschnitten herzustellen und Ihren Argumentationsaufbau zu strukturieren. So können Ihre Leserinnen und Leser Ihren Gedankengängen gut folgen. Hier einige Beispiele:

Mögliche Ausdrücke für Einleitungen/Hinführungen	Mögliche Ausdrücke für Überleitungen	Mögliche Ausdrücke für Zusammenfassungen/ Schlussbemerkungen
zu Beginn, am Anfang, zunächst, zuvor, vorab, anfangs, eingangs, zuerst, an erster Stelle, erstens, als Erstes, als Auftakt, bevor, einleitend, im Folgenden	in diesem Zusammenhang, ein weiterer Aspekt, während, im Weiteren, hinzu kommt, einerseits... andererseits, da, daher, entsprechend, darauf aufbauend, infolgedessen, aufgrund, auf der Basis/Grundlage, obwohl, dennoch	somit, folglich, dadurch, demgemäß, demnach, insofern, daraus ergibt sich, daraus lässt sich schließen, hieraus resultiert, infolgedessen, also, so, schließlich, letzten Endes, in der Konsequenz, letztlich, zusammenfassend, abschließend

Hinweis:
Die gesamte Arbeit wird in einem unpersönlichen (wissenschaftlichen) Stil geschrieben, d. h., Personalpronomen wie „ich", „wir" oder das indirekte „man" sollten nicht verwendet werden (z. B.: „Im ersten Kapitel wird dargestellt ..." statt „Im ersten Kapitel stelle ich dar ..."). Die direkte Ansprache der Leserinnen und Leser ist ebenfalls zu vermeiden (z. B.: „Anhand des Zitats wird deutlich ..." statt „An diesem Zitat sehen Sie ...").

Wichtige Hinweise zur inhaltlichen Ausarbeitung des Hauptteils:

- Beachten Sie die Anforderungen an wissenschaftliches Arbeiten: eigenständig, systematisch, nachvollziehbar, objektiv (vgl. S. 5).
- Überprüfen Sie verschiedene Lösungsansätze: Stellen Sie verschiedene Positionen dar, vergleichen Sie diese, hinterfragen Sie sie kritisch und ziehen Sie Ihre eigenen Schlüsse.
- Achten Sie darauf, die einzelnen Teile Ihrer Arbeit logisch miteinander zu verknüpfen. Stellen Sie Zusammenhänge her und erläutern Sie Hintergründe.
- Behalten Sie die inhaltliche Schwerpunktsetzung Ihrer Facharbeit jederzeit im Auge. Ihre Ausführungen im Hauptteil müssen im Schlussteil der Arbeit einen logischen Zusammenhang ergeben und Ihr Fazit argumentativ unterstützen.

Schluss/Fazit → siehe S. 59

- Formulieren Sie sprachlich angemessen, korrekt und verständlich. Achten Sie auf kurze Sätze, eindeutige Formulierungen und eine sinnvolle Verwendung von Fachbegriffen.
- Visualisieren Sie bestimmte Zusammenhänge für eine bessere Verständlichkeit (z. B. durch Tabellen, Grafiken, Diagramme) und erläutern Sie die entsprechenden Inhalte zusätzlich im Text.
- Fassen Sie argumentative Gedankengänge am Ende noch einmal zusammen.
- Strukturieren Sie Ihren Text nicht nur durch die Kapitelüberschriften, sondern auch durch Absätze und mehrere Absätze umfassende Sinnabschnitte, um die Lesbarkeit zu verbessern.
- Setzen Sie ergänzende Hinweise oder Erläuterungen in Fußnoten, um den Textfluss nicht zu behindern und Ihre Argumentation übersichtlich zu halten.
- Zitieren Sie korrekt (siehe Kapitel 5.4) und achten Sie auf eine einheitliche und vollständige Angabe der verwendeten Quellen (siehe Kapitel 5.5).

Aufgabe:

■ Wählen Sie drei Werke aus der Ihnen vorliegenden Sekundärliteratur und prüfen Sie, nach welcher Logik jeweils die Gliederung des Hauptteils erfolgt und ob es eventuell Ähnlichkeiten im Aufbau gibt.

5.3.3 Einleitung und Schluss

Einleitung

Eine gute Einleitung ist wie ein einladendes Portal, das einen guten Zugang zur darauffolgenden inhaltlichen Ausarbeitung verschafft. Sie soll bei den Leserinnen und Lesern das Interesse an der gewählten Thematik wecken und sie darauf vorbereiten, was sie in der Arbeit zu erwarten haben. Dabei dürfen jedoch keine Ergebnisse angedeutet oder Inhalte vom Hauptteil vorweggenommen werden. Zusammen mit dem Fazit bildet die Einleitung eine Art Rahmen um den Hauptteil.

In einer Einleitung sind meist folgende Gedanken enthalten:

- Thema der Arbeit (kurze Beschreibung sowie eventuell Definition/Erläuterung)
- bei frei gewählten Themen gegebenenfalls die persönliche Motivation, sich mit diesem Thema zu beschäftigen
- Ziel der Arbeit (zentrale Fragestellung, Untersuchungsgegenstand)
- mögliche Eingrenzung oder inhaltliche Akzentuierung des Themas
- methodische Vorgehensweise (kurze Skizzierung des Weges von der Fragestellung zur Problemlösung bzw. Beantwortung der Frage)
- gegebenenfalls Bewertung der verwendeten Quellen und der bei ihrer Beschaffung aufgetretenen Schwierigkeiten (z. B. Auskunftssperre)

Beispiel: Einleitung zu einer Facharbeit mit dem Thema „Der Übergang der Reichsstadt Schweinfurt an Bayern im Jahre 1802"

Am 3. September 1802 wurde den Schweinfurter Bürgerinnen und Bürgern durch eine Proklamation das Ende der freien Reichsstadtzeit und der Übergang an Bayern bekannt gemacht. Schweinfurt genoss ab diesem Zeitpunkt nicht mehr die Vorzüge der Reichsunmittelbarkeit, sondern unterstand fortan einem neuen Landesherrn, dem bayerischen Kurfürsten.

Mit dem Anschluss an Bayern gingen Veränderungen einher, die das Privatleben der Schweinfurter betrafen, vor allem auf religiösem Gebiet. So ließ die ehemalige Reichsstadt Schweinfurt keine katholischen Bürgerinnen und Bürger innerhalb ihrer Stadtmauern zu. Ab 1803 sollten nun Menschen unterschiedlicher Konfession friedlich Haus an Haus leben.

Die folgende Arbeit möchte diese Entwicklungen und Veränderungen näher beleuchten. Ein besonderer Schwerpunkt soll auf dem kirchlichen Leben Schweinfurts nach dem Übergang an Bayern liegen.

Die Quellenlage stellt sich als relativ überschaubar dar: Der Großteil der Quellen entstammt dem Stadtarchiv Schweinfurt. Besonders hilfreich waren die Veröffentlichungen anlässlich der Ausstellung *„»... und manche Leute hatten geweint.« – Schweinfurt wird bayerisch"* im Sommer 1989 sowie Aufsätze aus dem Sammelband *„Spurensuche 1806–2006"*, einem detaillierten Rückblick auf die Schweinfurter Kirchengeschichte.

Als jungem, historisch interessiertem Schweinfurter hat es mir großen Spaß gemacht, dieses spannende Kapitel der Schweinfurter Stadtgeschichte genauer zu untersuchen.

Aufgabe:

■ Notieren Sie stichwortartig, aus welchen Teilen die obige Einleitung besteht.

Tipp:
Verfassen Sie die Einleitung erst am Ende Ihrer Arbeit, erst dann besitzen Sie den notwendigen Überblick.

Hinweis:
Die Einleitung sollte maximal 5 bis 10 % des Gesamttextes ausmachen (= etwa eine Seite).

Tipp:
Regionalgeschichtliche Themenstellungen sind mitunter sehr reizvoll, da sie hauptsächlich auf der Auswertung regionaler Quellen basieren und eine Suche „vor Ort" notwendig ist. Außerdem können gelungene Arbeiten mit Regionalbezug bei entsprechender Thematik auch beim jährlichen Geschichtswettbewerb des Bundespräsidenten eingereicht werden:

Körber Stiftung
Geschichtswettbewerb des Bundespräsidenten

freie Reichsstadt = deutsche Stadt, die unmittelbar dem Kaiser unterstand und nicht der Kirche oder anderen Landesherren

Proklamation = amtliche Bekanntmachung

Reichsunmittelbarkeit = vgl. freie Reichsstadt

Literatur zu Schweinfurt

Schluss/Fazit

Der Schluss dient dazu, Ihre gesamte Arbeit inhaltlich abzurunden. Daher sollten Sie unbedingt auf das in der Einleitung formulierte Ziel Ihrer Arbeit bzw. Ihre zentrale Fragestellung eingehen und ein entsprechendes Resümee ziehen (z. B. kritische Betrachtung der ursprünglichen Thesen, Schlussfolgerungen). In diesem Zusammenhang können Sie auch die zentralen Untersuchungsergebnisse noch einmal kurz und prägnant zusammenfassen oder Fragen nennen, die gegebenenfalls offengeblieben sind und sich als Gegenstand weiterer Untersuchungen anbieten. Auch ein Ausblick auf zukünftige Entwicklungen ist möglich.

Hinweis:
Der Schluss sollte – ebenso wie die Einleitung – der Arbeit angemessen sein; etwa 10 % des Gesamtumfangs sind ein guter Anhaltspunkt.

5.3.4 Überprüfung/Überarbeitung

Lesen Sie Ihre Arbeit nach der Fertigstellung vollständig am Bildschirm durch und korrigieren Sie alle Fehler und Unstimmigkeiten, die Sie entdecken. Drucken Sie den gesamten Text anschließend aus und lesen Sie ihn erneut gründlich durch; achten Sie neben inhaltlichen und methodischen Gesichtspunkten auch auf formale Richtigkeit (z. B. Seiteneinrichtung, Überschriften, Absätze, Leerzeichen). Bitten Sie im dritten Schritt jemanden aus Ihrer Familie oder Ihrem Bekanntenkreis, die Arbeit noch einmal im Ganzen gegenzulesen und kritisch zu prüfen – auch im Hinblick auf korrekte Rechtschreibung, Grammatik und Zeichensetzung.

Hinweis:
Überprüfen Sie die sprachliche Korrektheit Ihrer Arbeit auch mithilfe eines Rechtschreibdudens. Die vorinstallierte Rechtschreibprüfung des Computers reicht hier nicht aus.

Tipp:
Legen Sie Ihren Text ein paar Tage zur Seite, bevor Sie ihn erneut einer kritischen Prüfung unterziehen. Dann haben Sie den notwendigen Abstand.

Hinweis:
Schreiben Sie Ihre Arbeit nicht auf den allerletzten Drücker, damit Ihnen noch genug Zeit für die Korrekturphase zur Verfügung steht.

Checkliste für die Überprüfung:

- Ist die Gliederung logisch und zweckdienlich?
- Entsprechen die Inhalte den jeweiligen Kapitelüberschriften?
- Ist die Argumentation schlüssig und gut nachvollziehbar?
- Besteht eine logische Verknüpfung zwischen den einzelnen Abschnitten bzw. ist ein roter Faden erkennbar?
- Stehen die Aussagen in Einleitung und Schluss in einem sinnvollen Zusammenhang?
- Wurde eine Antwort auf die zentrale Fragestellung gefunden bzw. die Ausgangsthese schlüssig begründet oder widerlegt?
- Führt die Arbeit zu neuen Erkenntnissen?
- Werden überflüssige Wiederholungen vermieden?
- Wurde bei der Bearbeitung des Themas wissenschaftlich vorgegangen? Wurden die einzelnen Teilaspekte objektiv und ausgewogen dargestellt?
- Sind Sprache und Stil fehlerfrei, angemessen und gut verständlich?
- Wurden die verwendeten Zitate korrekt wiedergegeben?
- Sind die Quellenangaben vollständig und korrekt?
- Entspricht das Layout den formalen Vorgaben?
- Sind alle Inhalte vollständig und in der richtigen Reihenfolge (Titelblatt, evtl. Vorwort, Inhaltsverzeichnis, Einleitung, Hauptteil, Schluss/Fazit, evtl. Quellenverzeichnis, Literaturverzeichnis, evtl. Anhang/Anlagen, Selbstständigkeitserklärung)?

Aufgaben:

1. Informieren Sie sich über die Vielzahl an Hinweisen, die Ihnen der Rechtschreibduden (online oder als Printausgabe) bietet.
2. Falls Sie dies noch nicht getan haben: Besorgen Sie sich den Kriterienkatalog Ihrer Schule für die Bewertung von Facharbeiten (siehe auch Kapitel 7) und prüfen Sie, ob Ihre Arbeit die genannten Anforderungen erfüllt.

5.4 Zitieren

Tipp:
Notieren Sie wichtige Zitate gleich auf Karteikarten oder in einer Datei und denken Sie daran, die entsprechende Quelle mit aufzuschreiben (vgl. S. 24, 27), damit Sie diese bei der Verwendung des Zitats sofort parat haben. Mitunter ist es auch sinnvoll, wichtige Zitate direkt den entsprechenden Kapiteln Ihrer Grobgliederung zuzuordnen.

Eine wissenschaftliche Arbeit braucht einen Neuheitswert, muss aber auch die aktuelle Grundlagenliteratur zum Thema zur Kenntnis nehmen und berücksichtigen. Die Aufnahme fremden Gedankenguts in eine Belegarbeit ist notwendig, um

↙ nachzuweisen, dass Sie die neuesten Forschungserkenntnisse zum Thema kennen.

↘ ihre neuen Erkenntnisse herzuleiten, zu belegen oder zu begründen.

Plagiat = geistiger Diebstahl

Kurzbeleg = Nachname Autorin/Autor bzw. Herausgeberin/Herausgeber, Jahr, Seite

Wichtige Hinweise zum Zitieren

Beim Zitieren unterscheidet man direkte und indirekte Zitate. Je nachdem, welche Zitatform Sie verwenden, müssen Sie inhaltlich und formal unbedingt die nachfolgenden Zitierregeln beachten, damit Ihre Arbeit nicht zum Plagiat wird:

	Direktes Zitat	**Indirektes Zitat**
Definition	wörtliche Wiedergabe der Aussagen einer anderen Person	sinngemäße Übernahme der Gedanken einer anderen Person
Kennzeichnung	• Anführungszeichen; bei eingeleitetem Zitat zusätzlich Doppelpunkt (vgl. S. 61) • Kurzbeleg mit Seitenangabe	• Konjunktiv (siehe S. 62) • Vergleich + Kurzbeleg mit Seitenangabe
Beispiel	Kehlmanns Romananfang ähnelt dem Beginn einer Kurzgeschichte: „Im September 1828 verließ der größte Mathematiker des Landes zum erstenmal seit Jahren seine Heimatstadt, um am Deutschen Naturforscherkongreß in Berlin teilzunehmen." (Kehlmann 2005, S. 7).	Kehlmanns Roman baut von Beginn an Spannung auf. So teilt er z. B. dem Leser im ersten Satz nur mit, dass ein Mathematiker im September 1828 zum ersten Mal seit Jahren seine Heimatstadt verlassen habe, um am Deutschen Naturforscherkongress in Berlin teilzunehmen (vgl. Kehlmann 2005, S. 7). Er verschweigt bewusst den Namen des Mannes und dessen Herkunft.

Hinweis:
Kürzere Zitate werden in den laufenden Text integriert. Zitate, die länger als drei Zeilen sind, werden als eigener Absatz eingefügt und durch einen geänderten Satzspiegel hervorgehoben (z. B. eingerückt und/oder kursiv).

Beachten Sie außerdem:
- Zitate sind fremdes geistiges Eigentum und müssen immer als Zitate gekennzeichnet werden.
- Verwenden Sie Zitate sparsam (z. B. nur, wenn sie die eigene Argumentation stützen oder wenn sie besonders originell sind). Eine Aneinanderreihung von Zitaten stellt keine Eigenleistung dar und führt auch nicht zu neuen Erkenntnissen!
- Zitate müssen „sitzen" – zur richtigen Zeit am richtigen Ort.
- Zitate sollten nicht zu lang sein.
- Zitate müssen korrekt in den Text eingebaut werden (vgl. hierzu auch Kapitel 5.4.1 und 5.4.2).
- Nach einem Zitat wird die Quelle in Kurzform am Ende des Satzes oder in einer Fußnote angegeben (siehe S. 64). Die vollständige Quelle wird im Literaturverzeichnis aufgeführt (siehe S. 66 f.).

Tipp:
Zitate immer kritisch hinterfragen!

5.4.1 Direktes Zitieren

Die Verwendung eines direkten bzw. wörtlichen Zitats ist immer dann sinnvoll, wenn es nicht nur um den Inhalt einer Aussage, sondern auch um die genaue Formulierung geht. In allen anderen Fällen sollten Sie eher die sinngemäße Wiedergabe in Form eines indirekten Zitats wählen (vgl. Kapitel 5.4.2).

Wichtige Hinweise zum direkten Zitieren:

- Direkte Zitate können eingeleitet oder uneingeleitet sein:
  - Eingeleitetes Zitat (Beispiel): Die Autorin XY beginnt ihre Argumentation mit der Aussage: „Anfang Zitat … Ende Zitat" (Angabe Kurzbeleg).
  - Uneingeleitetes Zitat (Beispiel): Die Ergebnisse der Studie bestätigen, dass „Anfang Zitat … Ende Zitat" (Angabe Kurzbeleg).
- Direkte Zitate müssen immer wörtlich übernommen werden, auch wenn sie Fehler enthalten. Enthaltene Rechtschreib-, Grammatik- oder Zeichensetzungsfehler können Sie gegebenenfalls mit [sic!] kennzeichnen, um deutlich zu machen, dass es sich nicht um einen Fehler Ihrerseits handelt. Schreibweisen, die sich nach neuer Rechtschreibung geändert haben, müssen nicht extra mit [sic!] gekennzeichnet werden (z. B. „daß" anstelle von „dass").
- Auslassungen sind möglich, um den zitierten Text zu kürzen. Sie werden durch eckige Klammern und drei Punkte gekennzeichnet: […].
- Veränderungen, die mitunter notwendig sind, um das Zitat in Ihren Satz einzubauen, werden ebenfalls durch eckige Klammern gekennzeichnet (z. B.: Original: „Der große Wurf" (Gesellschaftsspiel); verändertes Zitat: Der Autor spricht von „De[m] große[n] Wurf" als einem beliebten Gesellschaftsspiel).
- Ein Zitat innerhalb eines Zitats wird durch halbe Anführungszeichen gekennzeichnet (z. B.: „Zitat … ‚Zitat im Zitat'… Zitat".).
- Wenn Sie eigene Ergänzungen oder Hervorhebungen im Originaltext vornehmen, müssen Sie diese als „Hervorhebung des Verfassers" mit dem Hinweis (Hervorh. d. Verf.) in runden Klammern verdeutlichen.

sic = aus dem Lateinischen für „wirklich so und nicht anders"

Praxisübung: Direktes Zitieren anhand eines Beispieltextes

Aufgabe:

■ Schreiben Sie den nachfolgenden Text zu Juli Zehs Roman „Corpus Delicti" (2009) ab und fügen Sie an den entsprechenden Stellen die unten aufgeführten Zitate 1–4 ein. Beachten Sie, dass mitunter grammatische Änderungen notwendig sind, um das Zitat „passfähig" zu gestalten.

Juli Zeh will mit dem in der (1) Roman gegenwärtige Fehlentwicklungen in der Gesellschaft aufzeigen. Sie beschreibt einen Staat, in dem das (2) geworden ist. Begründet wird dieser Anspruch mit dem (3), diesem hat sich jeder unterzuordnen. Sie warnt mit dieser Darstellung vor der Entstehung eines totalitären Regimes, einer Diktatur. Sie plädiert für ein selbstbestimmtes Leben und individuelle Freiheiten des Einzelnen. So sagt die Protagonistin Mia Holl (4).

(1) Zukunft handelnd

(2) Streben nach Gesundheit oberste Doktrin

(3) Streben der Gemeinschaft nach Gerechtigkeit

(4) „Das Recht ist ein Spiel, bei dem jeder mitspielen muss."

Juli Zeh beschreibt in ihrem Roman „Corpus Delicti" eine Gesundheitsdiktatur Mitte des 21. Jahrhunderts

5.4.2 Indirektes Zitieren

Beim indirekten Zitieren übernehmen Sie die Aussagen einer anderen Person sinngemäß. Dies ist vor allem angeraten, wenn Sie umfangreiche Passagen paraphrasieren und zusammenfassen wollen. Sie sind bei dieser Form des Zitierens zwar frei in der Satzgestaltung, müssen aber darauf achten, dass Sie die Aussage des Originals nicht verändern oder verfälschen. Am Ende eines indirekten Zitats wird in Klammern oder in einer Fußnote die Kurzquelle mit vorangestelltem „vgl." (für vergleiche) aufgeführt.

Beispiele für direkte/indirekte Rede:
- Herr Meier sagt: „Ich habe eine Freundin." (= direkte Rede)
- Herr Meier sagt, er habe eine Freundin. (= Konjunktiv I: neutrale Wiedergabe in indirekter Rede)
- Herr Meier sagt, er hätte eine Freundin. (= Konjunktiv II: Wiedergabe in indirekter Rede, die Zweifel am Gesagten zeigt)

Wenn Sie indirekt zitieren bzw. paraphrasieren wollen, müssen Sie die indirekte Rede verwenden und die wiedergegebenen Äußerungen in den Konjunktiv I setzen. Stimmt dieser mit der Wirklichkeitsform (Indikativ) überein, muss auf den Konjunktiv II zurückgegriffen werden (z. B.: „Er behauptet, die Kritiker hätten sich geirrt." = Rückgriff auf Konjunktiv II).

Hinweis:
Im Stamm des Konjunktiv II kommt es bei einigen Verben zur Umlautbildung ($a \rightarrow ä$; $o \rightarrow ö$; $u \rightarrow ü$).

Hinweis:
Ist auch der Konjunktiv II nicht eindeutig zu erkennen bzw. identisch zu anderen Formen, wird er mit „würde" + Verb gebildet.

Zur Wiederholung: Bildung der Konjunktivformen
- **Konjunktiv I:** 1. Person Plural Präsens (Verbstamm) + Konjunktivendung
- **Konjunktiv II:** 1. Person Plural Präteritum (Verbstamm) + Konjunktivendung

	haben			**sein (unregelmäßig)**		
Person	**Indikativ**	**K I**	**K II**	**Indikativ**	**K I**	**K II**
ich	habe	habe	hätte	bin	sei	wäre
du	hast	habest	hättest	bist	seiest	wärest
er/sie/es	hat	habe	hätte	ist	sei	wäre
wir	haben	haben	hätten	sind	seien	wären
ihr	habt	habet	hättet	seid	seiet	wäret
sie	haben	haben	hätten	sind	seien	wären

Beispiel: Indirektes Zitieren

[...] Was Facebook am Donnerstag ankündigte, ist einer der größten Menschenversuche: Das Online-Netzwerk arbeitet an einer Technologie, mit der Menschen ihre Gedanken ohne eine Tastatur direkt aus dem Kopf online veröffentlichen können. Vorgesehen sind auch Verfahren, Informationen in die Gehirne zu bringen.

Wäre das Experiment mit der Gehirnaktivität von Affen oder Mäusen geplant, würden Tierschützer Amok laufen. Sie bekämen recht, denn der Versuch wurde nicht einmal angemeldet. Das biotechnische Experiment von Facebook aber wird sich einfach so ereignen. Millionen Menschen werden sich zur Verfügung stellen oder werden, weil sie sich von ihrem Smartphone oder Tablet nicht lösen können, verführt. Wirksamer Widerstand ist deshalb nicht zu erwarten. [...]

(Quelle zum Text im Beispiel: Prase, Eva: Das große Experiment, in: Freie Presse, 20.04.2017; zitiert nach: https://www.freiepresse.de/meinungen/kommentare/das-grosse-experiment-artikel9886337; letzter Aufruf: 09.09.2019)

Indirektes Zitat: Eva Prase stellt fest, die Ankündigung des Netzwerkes Facebook vom April 2017, es könne schon bald die Gedanken von Menschen aus deren Kopf heraus online abbilden und veröffentlichen, sei ein großer Menschenversuch. Im Unterschied zu Tierversuchen, bei denen sofort Tierschützer protestieren würden, erwartet die Autorin hier kaum Widerstand, da viele Menschen von den modernen Medien verführt seien und sich freiwillig zur Verfügung stellen würden (vgl. Prase 2017).

Praxisübung: Indirektes Zitieren anhand eines Beispieltextes

[...] Sieben Tipps für einen gelungenen Vortrag:

Einstieg mit Hallo-wach-Effekt: Zu Beginn ist es wichtig, die volle Aufmerksamkeit zu bekommen. Rhetoriktrainer Gert Schilling aus Berlin empfiehlt hierzu einen „Ohröffner": Das könne ein Witz oder eine persönliche Geschichte sein. So etwas müsse aber einen Bezug zum Thema haben, ergänzt Gerriet Danz, Kommunikationscoach aus Hamburg. [...]

In der Kürze liegt die Würze: Ein typischer Anfängerfehler ist es, den Vortrag zu überfrachten, sagt Margit Hertlein, Vortragsrednerin und Coach aus Weißenburg in Bayern. „Ein Vortrag wird nicht besser dadurch, dass man alles hineinstopft, was man weiß." Schilling vergleicht das mit dem Packen eines Wanderrucksacks: Er darf nicht zu voll werden – sonst wird die Wanderung zur Qual. Es gehe darum, das Wichtige und Wesentliche in wenigen Worten zu vermitteln. [...]

Kernbotschaften wiederholen: Am besten notieren Redner sich die Kernbotschaften, die sie auf jeden Fall rüberbringen wollen, rät Hertlein. Diese sollten sie bereits in der Einleitung vorstellen und zum Schluss nochmal wiederholen. „Dann bleiben sie besser hängen", erklärt Danz. [...]

Zuhörer einbinden: Die Zuhörer schalten schnell ab, wenn sie sich außen vor gelassen fühlen. Um sie aktiv einzubinden, eignen sich etwa Fragen ans Publikum, empfiehlt Hertlein. Der Klassiker: Ein Problem schildern und in die Runde fragen: „Wer von Ihnen kennt das?" [...]

Dauer realistisch abschätzen: Es ruiniert den besten Vortrag, wenn man sich verkalkuliert und am Ende alles nur noch schnell herunterrattert. Die Dauer des Vortrags muss man daher realistisch einschätzen. Dazu übt man ihn am besten vorher einmal laut vor einem Bekannten – und klickt sich nicht nur durch die Folien. [...]

Technik: Hier gilt das Motto: Weniger ist mehr. Man darf den Vortrag nicht eins zu eins auf Powerpoint-Folien übertragen. Sonst hört keiner mehr zu, sondern alle lesen nur mit, erklärt Schilling. „Betreutes Vorlesen" nennt er das. [...]

Ende gut, alles gut: Vortragende dürfen den Ausstieg nicht vergessen: „Der erste Eindruck entscheidet, aber der letzte Eindruck bleibt", erklärt Schilling. Wichtig für den gelungenen Schlusspunkt ist, dass Zuhörer die Struktur nachvollziehen können. Hierfür sollte man beim Vortrag einen Bogen spannen. Dazu dient ein Dreischritt: Der Redner kündigt zuerst seine Kernpunkte an. Dann geht er die Punkte durch. Und am Ende fasst er sie noch einmal zusammen. [...]

(Quelle: Schormann, Tobias; dpa: So wird ein Vortrag richtig spannend, in: Augsburger Allgemeine, 11.09.2017; zitiert nach: http://www.augsburger-allgemeine.de/geld-leben/So-wird-ein-Vortrag-richtig-spannend-id42630966.html; letzter Aufruf: 09.09.2019)

Aufgaben:

Stellen Sie sich vor, Sie schreiben eine Facharbeit zur Rhetorik:

1. Lesen Sie den Text und unterstreichen Sie alle wichtigen Informationen.
2. Zitieren Sie die sieben Tipps für einen gelungenen Vortrag indirekt auf einem Blatt Papier und ergänzen Sie Ihre eigene Position, denn: Jede wissenschaftliche Arbeit braucht ihren Neuheitswert!
3. Kontrollieren Sie die korrekte Verwendung des Konjunktivs.

Checkliste für korrektes Zitieren:

- Habe ich mich für die richtige Form des Zitierens (direkt/indirekt) entschieden?
- Ist das Zitat notwendig und kurz?
- Habe ich das direkte Zitat grammatisch korrekt in meinen Satz eingebaut?
- Stimmt die direkte Wiedergabe wörtlich ganz genau?
- Habe ich Veränderungen oder Auslassungen mit eckigen Klammern gekennzeichnet?
- Habe ich meine Hervorhebungen gekennzeichnet?
- Habe ich das indirekte Zitat sinngemäß und ohne Verfälschung wiedergegeben?
- Habe ich im indirekten Zitat den Konjunktiv richtig verwendet?
- Ist die Quellenangabe korrekt (siehe Kapitel 5.5)?

5.5 Quellenangaben

Tipp:
Fragen Sie nach, welche Zitierweise an Ihrer Schule bevorzugt wird.

Wie im vorangegangenen Kapitel bereits erwähnt, müssen Sie fremdes geistiges Eigentum (direkte/indirekte Zitate oder aus anderen Arbeiten übernommene Daten oder Ergebnisse) immer ordnungsgemäß kennzeichnen und die exakte Quelle angeben. So beugen Sie auch der Gefahr vor, dass Verstöße im Rahmen einer Plagiatsprüfung aufgedeckt werden und Sie im schlimmsten Fall Ihre Facharbeit nicht bestehen.

Hinweis:
Fußnoten müssen auf derselben Seite wie die entsprechende Hochzahl im Text stehen und werden fortlaufend nummeriert (Nummerierung passt sich in Word automatisch an). Sie können selbstverständlich auch dazu genutzt werden, um Hinweise und Anmerkungen anzubringen.

Die entsprechende Quellenangabe muss
- am Ende des Zitats im Text (Kurzbeleg oder Fußnote) und
- im Quellen- und/oder Literaturverzeichnis (vollständige Quelle) vermerkt sein.

5.5.1 Zitierweisen

Quellenangaben in Form von Kurzbelegen oder Fußnoten dienen dazu, den Haupttext der Arbeit von formalen Angaben zu entlasten und es den Leserinnen und Lesern dennoch zu ermöglichen, die entsprechende Quelle schnellstmöglich aufzufinden. Man unterscheidet zwei Formen:

Form	**Harvard-Zitierweise (Zitieren im Text)**	**Deutsche Zitierweise (Zitieren in Fußnoten)**
Beschreibung	nach dem Zitat wird direkt im Fließtext ein Kurzbeleg in Klammern eingefügt (Autorin/Autor, Veröffentlichungsjahr, Seite)	• nach jedem Zitat wird fortlaufend nummeriert eine hochgestellte Zahl (Fußnote) im Fließtext eingefügt • in der entsprechenden Fußnote erfolgt die Quellenangabe (bei erstmaliger Nennung: Vollbeleg wie im Literaturverzeichnis; wird die Quelle nochmals zitiert, reicht ein Kurzbeleg)
Beispiel für direktes Zitat	„Der Sommer war der Gleitflug unserer Liebe." (Schlink 1995, S. 67).	„Der Sommer war der Gleitflug unserer Liebe."[1] ——— [1] Schlink 1995, S. 67
Beispiel für indirektes Zitat	Der Ich-Erzähler formuliert, dass der Sommer der Gleitflug der Liebe zwischen Hanna und ihm gewesen sei (vgl. Schlink 1995, S. 67).	Der Ich-Erzähler formuliert, dass der Sommer der Gleitflug der Liebe zwischen Hanna und ihm gewesen sei.[1] ——— [1] Vgl. Schlink 1995, S. 67

bibliografische Angaben = Angaben (z. B. Titel, Verfasserin/Verfasser, Jahr), die notwendig sind, um eine schriftliche Quelle oder eine bestimmte Textstelle eindeutig und unverwechselbar zu beschreiben

Besonderheiten bei den bibliografischen Angaben:
- Verwenden Sie direkt im Anschluss ein Zitat aus derselben Quelle, nur von einer anderen Seite, genügt die Angabe „a. a. O." (= am angegebenen Ort) plus Seitenangabe (z. B.: Vgl. a. a. O., S. 43).
- Zitieren Sie mehrmals hintereinander direkt von derselben Seite eines Werks, können Sie das Kürzel „ebd." für „ebenda" aufführen (z. B.: Vgl. ebd.).
- Handelt es sich um eine Herausgeberin oder einen Herausgeber, wird die Abkürzung „Hg." oder „Hrsg." für „Herausgeberin/Herausgeber" hinter den Namen – bei mehreren Personen hinter die Namen – gestellt.
- Sind Herausgeberin/Herausgeber und Autorin/Autor identisch, wird die Herausgeberin mit „dies." (= dieselbe) und der Herausgeber mit „ders." (= derselbe) abgekürzt (z. B. Müller, Hans: [...] In: Ders. (Hrsg.): [...]. München: C.H.Beck 2018, S. 15).

- Bei Zitaten, die sich im Original über zwei Seiten erstrecken, wird nach der Seitenangabe ein f. für „folgende" (Seite) eingefügt. Beziehen sich Zitate – besonders bei indirekten Zitaten – auf mehrere Seiten im Originaltext, wird dies durch das Einfügen von ff. für „die folgenden" (Seiten) nach der Seitenangabe deutlich gemacht (z. B.: Grass 2011, S. 44 ff.).
- Bei Titeln mit zwei bis drei Autorinnen/Autoren werden diese alle genannt und mit Schrägstrich getrennt (z. B.: Müller/Ahlfeld/Busch 2019, S. 10).
- Bei mehr als drei Autorinnen/Autoren wird nach dem ersten Namen ein „u. a." oder die lateinische Variante „et al." (= und andere) eingefügt (z. B.: Hagedorn u. a. 2015, S. 25).
- Mehrere Quellen einer Autorin/eines Autors im gleichen Jahr werden mit Kleinbuchstaben (a, b, c) unterschieden – analog zur Reihenfolge und Kennzeichnung im Quellen-/Literaturverzeichnis (z. B.: Mahler 2018 a, S. 25).
- Bei Quellen ohne Autorin/Autor wird das Kürzel „o. V." (= ohne Verfasserin/Verfasser) verwendet (z. B.: o. V. 2013, S. 8).
- Bei Quellen ohne Jahres- oder Ortsangabe wird das Kürzel „o. J." (= ohne Jahr) bzw. „o. O." (= ohne Ort) verwendet (z. B.: Mahler o. J., S. 40).

Hinweis:
Wenn Sie sich für eine Zitierweise entschieden haben, müssen Sie diese konsequent in der gesamten Arbeit beibehalten (Einheitlichkeit!). Achten Sie bei der Verwendung von Abkürzungen wie „ebd." darauf, dass die Verweisstruktur übersichtlich bleibt.

Praxisübung: Zitieren mit Harvard- und Deutscher Zitierweise

Aufgaben:
Stellen Sie sich vor, Sie schreiben eine Facharbeit über die Novelle „Im Krebsgang" von Günter Grass (informieren Sie sich gegebenenfalls im Internet über den Titel).

1. Zitieren Sie wörtlich als Belege die nachfolgenden Textauszüge 1–3 (Auslassungen sind möglich). Formulieren Sie zunächst zu jedem Zitat eine sinnvolle Hinführung (z. B. zu (1): „Der Ich-Erzähler formuliert über Computer ..."; zu (2): „Er findet im Internet ...") und geben Sie den Kurzbeleg in der Harvard-Zitierweise und der Deutschen Zitierweise an.

2. Zitieren Sie Textauszug 4 sinngemäß und geben Sie den Kurzbeleg ebenfalls in beiden Varianten an.

(1) Bereits als die Dinger auf den Markt kamen, habe ich mir einen Mac mit Modem angeschafft. Mein Beruf verlangt diesen Abruf weltweit vagabundierender Informationen. (Seite 8)

(2) In gotischen Lettern klopfte eine „Kameradschaft Schwerin" markige Sprüche. (Seite 8)

(3) Auf unserer globalen Spielwiese, dem gepriesenen Ort letztmöglicher Kommunikation, hieß das sowjetische U-Boot *S 13* im Wortlaut der mir familiär nahen Website kategorisch: „Das Mordboot". (Seite 133–134)

(4) Als Journalist habe ich mich bei der Sichtung des mir zugänglichen Materials gefragt: Wie konnte es dem durch Ermächtigung entstandenen Staat und der einzig übriggebliebenen Partei in so kurzer Zeit gelingen, die in der Arbeitsfront organisierten Arbeiter und Angestellten nicht nur zum Stillhalten, sondern zum Mitmachen, alsbald zum Massenjubel bei angeordneten Anlässen zu verleiten? Eine Teilantwort ergibt sich aus der NS-Gemeinschaft „Kraft durch Freude", von der viele Übriggebliebene insgeheim noch lange schwärmten. (Seite 39)

(Quelle: Grass, Günter: Im Krebsgang. München: Deutscher Taschenbuch Verlag 2011)

Tipps für die Arbeit mit Microsoft Word:
- **Fußnote setzen:** Cursor an das Ende des Zitats (nach dem Satzzeichen) setzen → Menü *Referenzen* (oder *Verweise*) → *ab¹ Fußnote einfügen* anklicken → Text in die Fußnote eingeben
- **Fußnote löschen:** Markieren des Fußnotenzeichens im Text → Taste *Entfernen* drücken

Günter Grass (1927–2015) gehört zu den berühmtesten deutschen Schriftstellern der Nachkriegsliteratur; ein Nobelpreisträger, der es sich zur Aufgabe gemacht hatte, gegen das Vergessen anzuschreiben.

Tipp:
Kontrollieren Sie am Ende Ihrer Arbeit, ob Sie alle bedeutsame wissenschaftliche Literatur zum Thema verwendet und auch im Literaturverzeichnis aufgelistet haben. Oft schauen sich Gutachterinnen/Gutachter zuerst dieses Verzeichnis an, um den Wissensstand der Verfasserin/des Verfassers zu kontrollieren.

Tipp:
Informieren Sie sich vorab, ob ein Quellenverzeichnis an Ihrer Schule verlangt wird.

Hinweis:
Wichtig ist, dass Sie bei den Literaturangaben bei der von Ihnen gewählten Form bleiben. Achten Sie auf die gleiche Interpunktion und Reihenfolge der Angaben.

Hinweis:
Bei unselbstständigen Quellen (vgl. Punkt b) machen Sie durch die Quellenangabe deutlich, dass Sie nur diesen Beitrag aus einem Gesamtwerk (z. B. Sammelband, Zeitschrift) zur Kenntnis genommen haben.

URL → siehe S. 18

Hinweis:
Notieren Sie sich bei Internetquellen unbedingt das Datum des letzten Aufrufs, da sich das Internet ständig verändert. Die zitierte Seite kann nach Abgabe Ihrer Arbeit verändert worden sein, was Ihnen durch die Datumsangabe bei der Bewertung nicht angelastet werden kann.

5.5.2 Literatur- und Quellenverzeichnis

Dem eigentlichen Text Ihrer wissenschaftlichen Arbeit schließt sich das **Literaturverzeichnis** an. In ihm wird sämtliche verwendete Literatur, unterteilt in die drei Kategorien Primärliteratur, Sekundärliteratur und Internetquellen, aufgelistet. Innerhalb dieser Kategorien erfolgt eine alphabetische Auflistung nach den Nachnamen der Autorinnen/Autoren bzw. Herausgeberinnen/Herausgeber.

Wenn Sie sich für die Deutsche Zitierweise (Fußnotenmethode, vgl. S. 64) entschieden haben, ist es sinnvoll, zusätzlich ein **Quellenverzeichnis** zu erstellen. In diesem werden alle zitierten Quellen entsprechend der fortlaufenden Fußnotennummerierung aufgelistet. Im Unterschied zum Literaturverzeichnis werden außerdem die Seitenzahlen aufgeführt, ansonsten sind die notwendigen Angaben in beiden Verzeichnissen gleich.

Bibliografische Angaben für verschiedene Quellenarten

Es gibt verschiedene Möglichkeiten, ein Literatur- oder Quellenverzeichnis zu erstellen. Hier finden Sie eine gebräuchliche Form für verschiedene Arten von Literaturangaben (zu den Besonderheiten siehe S. 64 f.):

a) Selbstständige Quelle (nur ein/e Verfasser/-in oder Herausgeber/-in):
- **Verfasserin/Verfasser:** Name, Vorname: Titel. Untertitel. Bandangabe bzw. Auflage (falls nicht 1. Auflage), Ort: Verlag Jahr
  → Beispiel: Seiler, Lutz: Kruso. 6. Auflage, Berlin: Suhrkamp Verlag 2014
- **Herausgeberin/Herausgeber:** Name, Vorname (Hrsg.): Titel. Untertitel. Bandangabe bzw. Auflage (falls nicht 1. Auflage), Ort: Verlag Jahr
  → Beispiel: Baumhauer, Roland/Hahn, Barbara/Wiktorin, Dorothea (Hrsg.): Atlas Würzburg. Vielfalt und Wandel der Stadt im Kartenbild. Köln: Emons Verlag 2016

b) Unselbstständige Quelle (z. B. Einzelbeiträge in Sammelbänden, Zeitschriften, Zeitungen, Lexika):
- **Sammelband:** Name, Vorname: Titel. Untertitel. In: Name, Vorname: Titel des Werkes. Bandangabe bzw. Auflage, Ort: Verlag Jahr, Seitenangabe
  → Beispiel: Becker, Michael: Politische Philosophie und internationale Beziehungen. In: Becker, Michael/Schmidt, Johannes/Zintl, Reinhard: Politische Philosophie. 4. Auflage, Paderborn: Verlag Ferdinand Schöningh 2017, S. 341–364
- **Zeitschrift:** Name, Vorname: Titel. Untertitel. In: Zeitschriftentitel Jahrgangsnummer (Jahr), Seitenangabe
  → Beispiel: Beyer, Susanne: Ein glückliches Land? In: Der Spiegel 39 (2017), S. 8

c) Internetquelle:
Name, Vorname: Titel. Untertitel. URL (letzter Aufruf: TT.MM.JJJJ)
→ Beispiel: Becker, Alexander: Wie umgehen mit der neuen Echtzeit-Medienkritik? Das beschäftigt Chefredakteure, Kritiker und Kolumnisten. http://meedia.de/2015/03/30/wie-umgehen-mit-der-neuen-echtzeit-medienkritik-das-beschaeftigt-chefredakteure-kritiker-und-kolumnisten/ (letzter Aufruf: 15.10.2019)

d) Schriften des sogenannten „grauen Marktes“ (z. B. Merkblätter, Broschüren, die nicht im Handel erhältlich sind und oft keine Angaben zu Verfasserin/Verfasser, Ort oder Jahr enthalten):
Herausgeberin/Herausgeber (Hrsg.): Titel der Schrift. Ort: Jahr (alle Angaben soweit erkennbar)
→ Beispiel: Dachverband Legasthenie Deutschland e.V. (Hrsg.): Wegweiser bei Schreib-, Lese oder Rechenschwierigkeiten. Chemnitz: 2013

e) Protokolle, eigene Aufzeichnungen:

→ Beispiel: Musterfrau, Maria: Leiterin der Kindertagesstätte „Märchenland" Chemnitz, in einem Interview am TT.MM.JJJJ, nach Aufzeichnungen der Verfasserin/des Verfassers

Hinweis: Beim Erstellen eines Literatur-/Quellenverzeichnisses kann Ihnen Ihr Textverarbeitungsprogramm helfen. Sie können bei jedem Zitat, das Sie in Ihrer Arbeit bzw. Ihrem Dokument verwenden, die Quelle sofort hinzufügen. So entsteht eine Art Datenbank, die Ihnen am Ende der Arbeit automatisch ein Quellen-/Literaturverzeichnis erstellt (siehe Randspalte).

Praxisübung: Erstellen eines Literaturverzeichnisses

Aufgaben:

1. Sortieren Sie folgende Namen alphabetisch: Meier, Alberta; Mädler, Stefan; Ludwig van Beethoven; Dr. John Brentano; Meyer-Spira, Sybille; Meier, Sebastian; Ilse von Augustin; Fischer, Geerd; Fechner, Karola; Prof. Anne Simoni; McGuiness, Archie. Recherchieren Sie im Zweifelsfall die Regeln zur alphabetischen Sortierung im Internet.

2. Stellen Sie sich vor, Sie haben eine Facharbeit zum Thema „Siegfried Lenz: Arnes Nachlaß im Unterricht der Oberstufe" verfasst. Fertigen Sie zu den Titeln, die Sie verwendet haben (siehe nachfolgende Auflistung), ein Literaturverzeichnis an, das den auf dieser Doppelseite genannten Anforderungen entspricht.

(1) Julia Gaß schrieb am 29. Oktober 2014 einen Kommentar mit dem Titel „Abschied von Siegfried Lenz. Die bewegende Trauerrede von Helmut Schmidt", der in den Ruhr Nachrichten veröffentlicht wurde.

(2) Postum wurde „Gespräche unter Freunden" von Siegfried Lenz im Jahre 2015 beim Verlag Hoffmann und Campe in Hamburg veröffentlicht.

(3) Aus dem Werk von Jörg Magenau „Schmidt – Lenz. Geschichte einer Freundschaft", das 2014 im Verlag Hoffmann und Campe in Hamburg veröffentlicht wurde, haben Sie den Aufsatz „Geist und Macht" verwendet, der auf den Seiten 51–81 zu finden ist.

(4) Juliane von Laffert, Claudia Kerber und Hildegard Hogen gaben im Jahr 2005 in 3. Auflage das Werk „Harenberg. Das Buch der 1000 Bücher" im Verlag Bibliographisches Institut & F.A. Brockhaus AG, Mannheim heraus.

(5) Oliver Bock veröffentlichte im GRIN Verlag München/Ravensburg 2013 seine Studienarbeit zum Thema „Arnes Nachlaß von Siegfried Lenz, ein Adoleszenzroman?".

(6) Daniel Kampa veröffentlichte 2015 als Herausgeber eine Biografie unter dem Titel „Siegfried Lenz 1926–2014: Eine Hommage" bei Hoffmann und Campe in Hamburg.

(7) Harald Hartung schrieb in der Frankfurter Allgemeinen Zeitung am 12. Oktober 1999 (Nr. 237, Seite L6) eine Rezension zum Werk unter dem Titel „Alle Tassen im Koffer. Siegfried Lenz sucht den bescheidenen Ton für ‚Arnes Nachlaß'".

(8) Die Rede Helmut Schmidts auf der Trauerfeier zum Tode von Siegfried Lenz am 28.10.2014 wurde von Ihnen genutzt: URL: https://www.youtube.com/watch?v=ud-Y5ZZ9T38 (letzter Aufruf: 17.06.2019).

Erstellen eines Quellen-/Literaturverzeichnisses mit Microsoft Word:

Setzen Sie den Cursor im Dokument an die Stelle hinter dem Zitat, um die Quelle zu erfassen → Menü *Referenzen* (*Verweise*) anklicken → eventuell Auswahl der *Formatvorlage* (z. B. Harvard) → *Zitat einfügen* anklicken → *Neue Quelle hinzufügen* → Daten eingeben.

Wenn Sie eine neue Quelle angelegt haben, können Sie den Kurzbeleg im Dokument nach dem Zitat einfügen → Cursor an die Stelle im Text → Menü *Referenzen (Verweise)* → *Zitat einfügen* anklicken → es erscheinen alle Quellen → Quelle auswählen.

Aus den angelegten Quellen erstellt Ihnen Word später automatisch ein Quellenverzeichnis. Gehen Sie hierzu auf der Seite im Dokument, auf der das Quellenverzeichnis erscheinen soll, im Menü *Referenzen* auf → *Literaturverzeichnis* → *Literaturverzeichnis* einfügen → Quellenverzeichnis wird eingefügt.

Wollen Sie darüber hinaus die gesamte verwendete Literatur für ein Literaturverzeichnis erfassen, können Sie diese nachtragen → Menü *Referenzen* → *Quellen verwalten* → Quellen-Manager öffnet sich: Hier können Sie weitere Quellen hinzufügen oder alte bearbeiten. Probieren Sie es aus!

6 Präsentieren

6.1 Die Planung der Präsentation

6.1.1 Schwerpunkte, Umsetzung und Aufbau

Je nachdem, in welchem Bundesland Sie zur Schule gehen, fließen auch die Präsentation und zum Teil auch die mündliche Verteidigung der Facharbeit vor einer Prüfungskommission in die Gesamtnote mit ein. Die Fähigkeit, Ihre Arbeitsergebnisse anschaulich darzustellen und anderen Ihre Fachkenntnis zu vermitteln, bildet somit einen wichtigen Bestandteil Ihres wissenschaftlichen Arbeitens. Der von Ihnen gehaltene Vortrag sollte informativ und gut verständlich, aber auch spannend und kreativ sein. Außerdem sollte er das Interesse und die Aufmerksamkeit der Zuhörerinnen und Zuhörer wecken und über die gesamte Dauer der Präsentation aufrechterhalten.

Um dieses Ziel zu erreichen, sollten Sie Umsetzung und Aufbau Ihrer Präsentation sorgfältig planen und sich gezielt auf den Vortrag und die anschließende Diskussion vorbereiten. Nehmen Sie sich daher zunächst Zeit, die folgenden Fragen für sich selbst zu beantworten, damit Sie am Tag der Präsentation Ihr Anliegen klar darstellen können:

- Wie viel Zeit steht mir für die Vorbereitung und für den Vortrag zur Verfügung?
- Warum halte ich die Präsentation?
- Wer sitzt im Publikum (Zielgruppe)?
- Wie lautet meine Kernaussage?
- Wovon möchte ich die Zuhörerinnen und Zuhörer überzeugen?
- Mit welchen Hilfsmitteln möchte ich meine Präsentation halten?
- Welche technischen Einrichtungen stehen vor Ort zur Verfügung?

Wichtige Schritte bei der Planung der Präsentation:

Kernaussagen

↓

Argumente

↓

Darstellungsmöglichkeiten

Erste Schritte

Die Planung Ihrer Präsentation sollte ohne Computer erfolgen. Verwenden Sie möglichst großes Papier und Stifte in verschiedenen Farben und notieren Sie sich zunächst auf einem Blatt die wesentlichen Kernaussagen, um sich einen ersten Gesamtüberblick zu verschaffen (z. B. in Form einer Mindmap).

Legen Sie anschließend zu jeder Kernaussage eine eigene Seite an und überlegen Sie, wie Sie diese kreativ und anschaulich vermitteln könnten. Beachten Sie dabei auch logische Argumente, die Ihren Standpunkt stützen und somit dazu beitragen können, das Publikum zu überzeugen. Skizzieren Sie auf Ihren Blättern auch Ideen für infrage kommende Darstellungsmöglichkeiten (z. B. Bilder, Diagramme, Karikaturen, Gegenstände, Animationen, Audiodateien, Videoclips).

Handout = stichpunktartige schriftliche Wiedergabe der wesentlichen Aussagen analog zur Gliederung des Vortrags

Thesenpapier = stichpunktartige Zusammenfassung der wichtigsten Thesen und ihrer jeweiligen Begründungen (dient häufig als Grundlage für die anschließende Diskussion)

Einsatz von Medien/Hilfsmitteln

In welcher Form Sie Ihre Präsentation halten möchten, ist abhängig vom Thema Ihrer Arbeit und Ihren individuellen Vorlieben. Sie können als Gedächtnisstütze für Ihren freien Vortrag eigene Notizen verwenden (z. B. Karteikarten), unterschiedliche Medien zur Präsentation oder zur visuellen/akustischen Unterstützung nutzen (z. B. Laptop/Beamer, Plakat, Collage, Flipchart, Smartboard/Tafel), eventuell Modelle und andere Anschauungsobjekte mitbringen und/oder Handouts bzw. Thesenpapiere verteilen.

Computergestützte Präsentation mit Beamer und Leinwand

Überlegen Sie genau, welche Inhalte sich in welcher Form am besten vermitteln lassen und wählen Sie gezielt aus, was für ein besseres Verständnis visualisiert werden sollte, um Ihre Zuhörerinnen und Zuhörer nicht mit einem Übermaß an Anschauungsmaterialien zu überfordern.

Aufbau des Vortrags

Strukturieren Sie Ihren Vortrag – genau wie Ihre Facharbeit – in Einleitung, Hauptteil und Schluss. Stellen Sie als Einleitung Ihr Thema vor und erläutern Sie kurz, worum es in Ihrer Präsentation geht.

Inhaltlicher Ablauf der Präsentation → vgl. auch Kapitel 6.3.1

Zu Beginn des Hauptteils ist es sinnvoll, dem Publikum eine kurze Übersicht über den Aufbau Ihres Vortrags zu geben (z. B. mithilfe einer Folie, auf Tafel oder Flipchart). An dieser Gliederung sollten Sie sich beim Ausführen der Kernaussagen immer wieder orientieren, damit Sie nichts vergessen und den roten Faden nicht verlieren.

Am Ende Ihres Vortrags können Sie die wichtigsten Punkte noch einmal kurz zusammenfassen, einen Bogen zu anfangs aufgestellten Thesen spannen und interessante Schlussgedanken für die anschließende Diskussion formulieren. Beenden Sie Ihren Vortrag möglichst mit einem prägnanten Schlusssatz, um Ihre Präsentation gelungen abzurunden.

Kommunikation und Emotion

Wenn Sie Ihre Präsentation vorbereiten, sollten Sie daran denken, dass unser Gehirn aus zwei Hälften besteht: Die rechte Seite verkörpert Gefühl und Emotionalität, die linke Seite beurteilt Daten und Fakten. Da die Zuhörerinnen und Zuhörer Ihrer Präsentation natürlich beide Gehirnhälften nutzen, können Sie nicht nur sachliche Informationen und Zahlen vermitteln. Dann wäre Ihre Präsentation bereits im Vorfeld zum Scheitern verurteilt. Gelingt es Ihnen jedoch, bei Ihrer Zuhörerschaft Emotionen und Neugierde zu erwecken, können Sie einen spannenden und überzeugenden Vortrag halten und Ihr Publikum für sich gewinnen.

Instrumente zum Erzeugen von Emotionen:
- Körpersprache
- Stimme
- bildhafte Wortwahl
- Fähigkeit, eine gute Geschichte zu erzählen (z. B. Spannungsbogen, roter Faden, praktische Beispiele, Anekdoten, Interaktion mit dem Publikum)
- Einbindung von geeignetem Anschauungs- bzw. Bildmaterial

6.1.2 Zusammenfassung und Tipps

Wichtige Bausteine einer erfolgreichen Präsentation

- Planen Sie Ihre Präsentation exakt, schlechte Präsentationen sind meistens die Folge schlechter Planung.
- Legen Sie Ziel und Anliegen Ihrer Präsentation genau fest:
  - Ist es Ihnen wichtig, in erster Linie Informationen zu vermitteln oder wollen Sie auch Gefühle ansprechen?
  - Was wollen Sie den Zuhörenden über sich selbst, Ihre Kompetenz und Ihr fachliches Know-how mitteilen?
- Konzentrieren Sie sich auf die wesentlichen Kernaussagen, die Sie vermitteln möchten und die Ihnen möglichst interessant und aussagekräftig erscheinen.
- Erläutern Sie Ihre zentralen Befunde und Thesen möglichst knapp.
- Entwerfen Sie ein Grundgerüst für Ihre Präsentation (z. B. in Form einer Mindmap), in dem Sie festlegen, in welcher Reihenfolge Sie die wichtigsten Aspekte Ihres Themas ansprechen wollen.
- Beachten Sie bei der gesamten Planung unbedingt die Zeit, die Ihnen zur Verfügung steht.
- Entwickeln Sie eine geeignete Argumentationsstruktur, mit deren Hilfe Sie wichtige Aussagen begründen oder bestimmte Aspekte widerlegen (→ siehe hierzu auch Kapitel 6.3.3).
- Überlegen Sie sich einen interessanten Einstieg (z. B. ein Bild, eine interessante Fragestellung, eine provokante These).
- Planen Sie bewusst die Übergänge zwischen den einzelnen Gliederungspunkten Ihres Vortrags.
- Fassen Sie wichtige Punkte für das Publikum noch einmal zusammen.
- Gestalten Sie Ihre Folien oder andere visuelle Hilfsmittel übersichtlich, überfrachten Sie diese nicht (→ vgl. Kapitel 6.2).
- Achten Sie auf eine gute Lesbarkeit der Texte (→ vgl. S. 75).
- Setzen Sie gezielt Bilder, Grafiken, Schaubilder und Diagramme zur Visualisierung ein und achten Sie dabei auf einen sinnvollen und maßvollen Einsatz (→ siehe hierzu auch S. 76 f.).
- Bringen Sie neue Gedanken ein und überraschen Sie Ihr Publikum.
- Denken Sie daran, für wen Sie die Präsentation halten und planen Sie von Anfang an Möglichkeiten ein, wie Sie Ihre Zuhörerinnen und Zuhörer aktiv einbeziehen können (z. B. durch direkte oder rhetorische Fragen).
- Bemühen Sie sich um interessante Schlussgedanken Ihrer Präsentation.
- Versuchen Sie, mögliche Fragen und Einwände des Publikums vorherzusehen und bereiten Sie sich gezielt auf deren Beantwortung vor.

Aufgabe:

■ Üben Sie, sich auf das Wesentliche zu konzentrieren. Wählen Sie eine zentrale Kernaussage aus Ihrem Präsentationsthema aus und erläutern Sie diese möglichst knapp, gut verständlich und argumentativ überzeugend. Notieren Sie sich vorab die wesentlichen Stichpunkte zum Aufbau Ihres Kurzvortrags.

6.2 Das Erstellen der Präsentation mit Präsentationsprogrammen

Computergenerierte Präsentationen gibt es mittlerweile seit über 30 Jahren. Dabei werden die Inhalte eines Vortrags in einzelne Seiten (Folien oder Charts genannt) aufgeteilt und den Zuhörerinnen und Zuhörern in Form einer auf den Vortrag abgestimmten Bildschirmpräsentation vorgeführt.

Da sich im Prinzip jeder Bildschirminhalt eines PCs mithilfe eines Video-Beamers projizieren lässt, können zur Erstellung einer computergenerierten Präsentation die unterschiedlichsten Programme genutzt werden (z. B. auch Textverarbeitungsprogramme). Sehr häufig kommen jedoch spezielle Softwareprodukte zum Einsatz, die besondere Hilfestellungen und Effekte zur Gestaltung und zum Aufbau der Folien und somit zur Unterstützung des Vortrags bieten (siehe Beispiele in der Randspalte). Diese Programme sind zum Teil kostenpflichtig, zum Teil aber auch kostenlos nutzbar.

Beispiele für Präsentationsprogramme:
- PowerPoint (Microsoft)
- Impress (LibreOffice/OpenOffice)
- Prezi (Prezi Inc.)
- Google Slides (Google)
- Keynote (Apple)
- Acrobat DC (Adobe)

Hinweis: Die Ausführungen im vorliegenden Kapitel beziehen sich im Wesentlichen auf die Arbeit mit PowerPoint von Microsoft, das zu den beliebtesten Präsentationsprogrammen gehört. Viele der Hinweise lassen sich aber auch für die Arbeit mit anderen Softwareprodukten nutzen.

Unabhängig davon welches Programm Sie verwenden, haben Sie bei der Erstellung der einzelnen Folien am PC umfangreiche Gestaltungsmöglichkeiten. Dabei sollten Sie jedoch unbedingt darauf achten, dass das Ergebnis professionell aussieht und Ihre gesamte Präsentation eine gestalterische Einheit bildet.

Wichtige Hinweise zur Erstellung der Folien vorab:
- Jede einzelne Folie steht für eine Information.
- Beschränken Sie die Textmenge (maximal 10 Zeilen pro Chart), denn vollgestopfte Folien erzeugen Verwirrung und machen es schwer, zu erkennen, was wichtig ist.
- Stimmen Sie die Reihenfolge der Folien inhaltlich auf Ihren Vortrag ab.
- Gestalten Sie die Folien übersichtlich (z. B. Texte in Stichworten, Aufzählungen mit Aufzählungszeichen), damit der Inhalt leicht zu erfassen ist.
- Rücken Sie wesentliche Informationen in den Blickpunkt.
- Achten Sie auf eine leicht lesbare Schrift und eine ausreichende Schriftgröße (mindestens 24 Punkt → vgl. S. 75).
- Gestalten Sie die Folien einheitlich, dazu zählen z. B.:
  - Farben
  - Schriften
  - Hintergründe
  - Formen
  - Logos
  - Anordnung/Ausrichtung der einzelnen Elemente
- Verwenden Sie für jede Gliederungsebene immer die gleiche Schriftgröße.
- Halten Sie auf jeder Folie links, rechts, oben und unten immer die gleichen Randabmessungen ein.
- Überlegen Sie, ob die einzelnen Folien wiederkehrende Informationen bzw. Textelemente enthalten sollen.
- Wählen Sie die Bilder für Ihre Präsentation sorgfältig aus und platzieren Sie diese ausreichend groß (→ vgl. S. 76 f.).
- Arbeiten Sie mit Weißraum. So vermitteln Sie Klarheit und Konzentration.

Tipp:
Je mehr freie Fläche und je weniger Informationen auf einer Folie, desto klarer wirkt der Inhalt.

Weißraum = Freiraum bzw. freie Fläche; sollte bewusst als Gestaltungselement eingesetzt werden, um Übersichtlichkeit zu schaffen oder bestimmte Dinge in den Vordergrund zu rücken (die freie Fläche darf auch farbig sein!).

6.2.1 Gestaltungsraster

Gestaltungsraster = Hilfskonstruktion zur Organisation grafischer Elemente auf einer Fläche oder in einem Raum

Vordefinierte Gestaltungsraster

Für das Erstellen der Folien eignen sich sogenannte Gestaltungsraster. Dabei können Sie bereits vordefinierte Layouts des von Ihnen verwendeten Präsentationsprogramms als Vorlage für Ihre Präsentation nutzen.

Verwendung vordefinierter Gestaltungsraster in PowerPoint:

- Wählen Sie zunächst das gewünschte Layout aus und schreiben Sie je einen oder mehrere Stichpunkte in die vordefinierten Felder (siehe Abb. a).
- Über das Menü *Ansicht → Folienmaster* können Sie den gewählten Gestaltungsraster anpassen, erweitern oder auch verändern.
- Durch Anklicken von *Masteransicht schließen* kehren Sie zu Ihrer ursprünglichen Darstellung zurück und können nun sehen, dass sich das Layout entsprechend verändert hat.

a) Arbeit mit vorgefertigten Gestaltungsrastern (PowerPoint)

Eigene Gestaltungsraster entwerfen

Sie können sich natürlich auch ein individuelles Layout anlegen und eigene Ideen ausprobieren.

Entwurf eines eigenen Gestaltungsrasters mit PowerPoint:

- Über *Start → Layout* wählen Sie das Layout „leer" bzw. „Leere Präsentation" aus.
- In der Rubrik *Ansicht → Folienmaster* wählen Sie den Folienmaster links oben.
- Über *Einfügen → Tabelle* können Sie eine Tabelle als Rastergrundlage verwenden. Fügen Sie z. B. eine Tabelle mit drei Spalten und drei Zeilen ein und ziehen Sie diese über die gesamte Folie (siehe Abb. b).
- Mit der Tastenkombination *Alt + F9* können Sie sich Führungslinien anzeigen lassen und diese mit der gleichen Tastenkombination auch wieder ausblenden.
- Um eigene Führungslinien entlang der Tabellenfelder einzufügen, müssen Sie über das Kontextmenü *Raster und Führungslinien* (Rechtsklick neben die Folie) kontrollieren, dass kein Häkchen bei *Führungslinien* bzw. *Intelligente Führungslinien* gesetzt ist. Falls dies doch der Fall sein sollte, müssen Sie dieses Häkchen zunächst entfernen.

Hinweis:
Führungslinien sind Arbeitshilfen. Standardmäßig werden diese von PowerPoint in Grundeinstellungen angelegt. Veränderungen in diesen Formaten können Sie über *Ansicht → Führungslinien → Anzeigen* vornehmen.

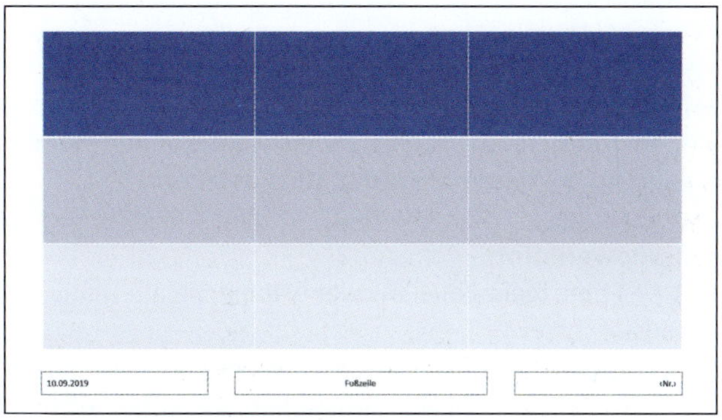

b) Tabelle als Rastergrundlage (PowerPoint)

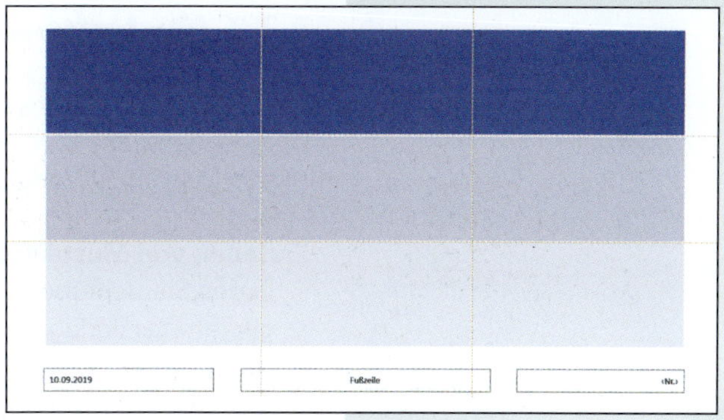

c) Tabelle mit Führungslinien (PowerPoint)

- Über das Kontextmenü *Raster und Führungslinien* können Sie sowohl horizontale als auch vertikale Führungslinien hinzufügen (siehe Abb. c):
  - Führungslinie verschieben: Führungslinie anklicken und mit gedrückter linker Maustaste an die entsprechende Stelle ziehen.
  - Führungslinie löschen: Führungslinie an eine Stelle außerhalb der Folie ziehen.
- Speichern Sie Ihre Präsentation.
- Duplizieren Sie den Folienmaster, indem Sie links oben *Folienmaster* anklicken → Rechtsklick auf die angezeigten Folien → *Folienmaster duplizieren* auswählen.
- Löschen Sie die Tabelle, indem Sie sie auf der Folie anklicken und auf die Taste „Entf" drücken. Nun sind nur noch die Führungslinien sichtbar (siehe Abb. d).

Hinweis:
Veränderte Führungslinien können nicht rückgängig gemacht werden. Überlegen Sie also vorher genau, welche Führungslinien Sie einfügen wollen.

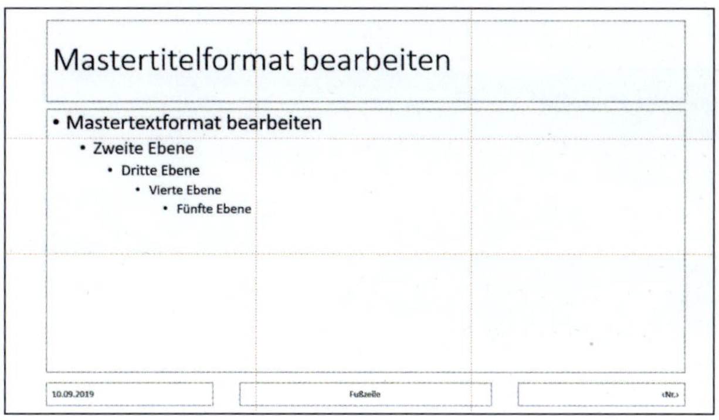

d) Führungslinien ohne Tabelle (PowerPoint)

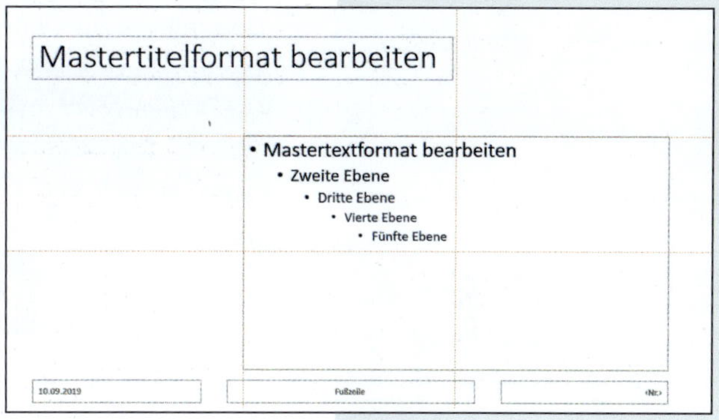

e) Ausrichten von Texten/Bildern an Führungslinien (PowerPoint)

- Sie können nun Texte und/oder Bilder an den Führungslinien ausrichten und die Folie nach Ihren Vorstellungen gestalten (siehe Abb. e).

Aufgaben:

1. Überlegen Sie, welche Vor- oder Nachteile eigene Gestaltungsraster gegenüber vorgefertigten Gestaltungsrastern bieten.

2. Entwerfen Sie in maximal 20 Minuten eine eigene Folie zum Thema „Die Funktion von Hausaufgaben". Nutzen Sie für die Ideenfindung zunächst ein Blatt Papier und skizzieren Sie Ihre Entwürfe.

Hinzufügen eines Textplatzhalters in PowerPoint: Über *Ansicht* → *Masteransichten* → *Folienmaster* wählen Sie zunächst das Layout aus, auf dem Sie einen Textplatzhalter einfügen möchten. Anschließend können Sie einen Platzhalter einfügen über *Folienmaster* → *Masterlayout* → *Platzhalter einfügen* → *Text*. Mit gedrückter linker Maustaste ziehen Sie den Platzhalter auf die gewünschte Größe.

6.2.2 Musterfolien

Vordefinierte Elemente helfen Ihnen dabei, eine durchgängige Einheitlichkeit bei der Gestaltung Ihrer Folien zu wahren. Um sich die Arbeit zu erleichtern, können Sie sich Musterfolien bzw. Vorlagedateien für Ihre gesamte Präsentation anlegen.

Erstellen von Musterfolien mit PowerPoint:

- Legen Sie sich über *Datei* → *Neu* eine leere Folie an oder wählen Sie alternativ ein geeignetes Vorlagendesign aus.
- Unter *Ansicht* → *Folienmaster* können Sie anschließend mit der Gestaltung Ihrer Musterfolien beginnen (z. B. vorgefertigtes Design auswählen, Elemente ausrichten, Schriftart und Farbe wählen, Hintergrundformat festlegen, Platzhalter einfügen). Am linken Rand sehen Sie eine Übersicht unterschiedlicher Folienvorlagen, die Sie bei Bedarf anpassen können. Durch Anklicken mit der rechten Maustaste können Sie nicht benötigte Layouts löschen oder geeignete Layouts duplizieren.
- Klicken Sie auf *Foliengröße* → *Benutzerdefinierte Foliengröße,* um die Foliengröße und -ausrichtung (Hoch- oder Querformat) für alle Folien in Ihrer Präsentation festzulegen.
- Durch die Verwendung von Formen, die im Menü *Einfügen* → *Formen* zur Auswahl stehen, können Sie wichtige Inhalte strukturieren.
- Speichern Sie Ihre fertigen Folienvorlagen unter *Datei* → *Speichern unter,* geben Sie einen geeigneten Dateinamen ein und wählen Sie unter *Dateityp* die Option *PowerPoint-Vorlage (*.potx)* aus.
- Um Ihre gespeicherte Vorlage abzurufen, klicken Sie auf *Datei* → *Neu* → *Persönlich* (oder: *Benutzerdefiniert*). Dort erscheint Ihre gespeicherte Vorlage, die Sie durch Doppelklick zur weiteren Verwendung öffnen können.

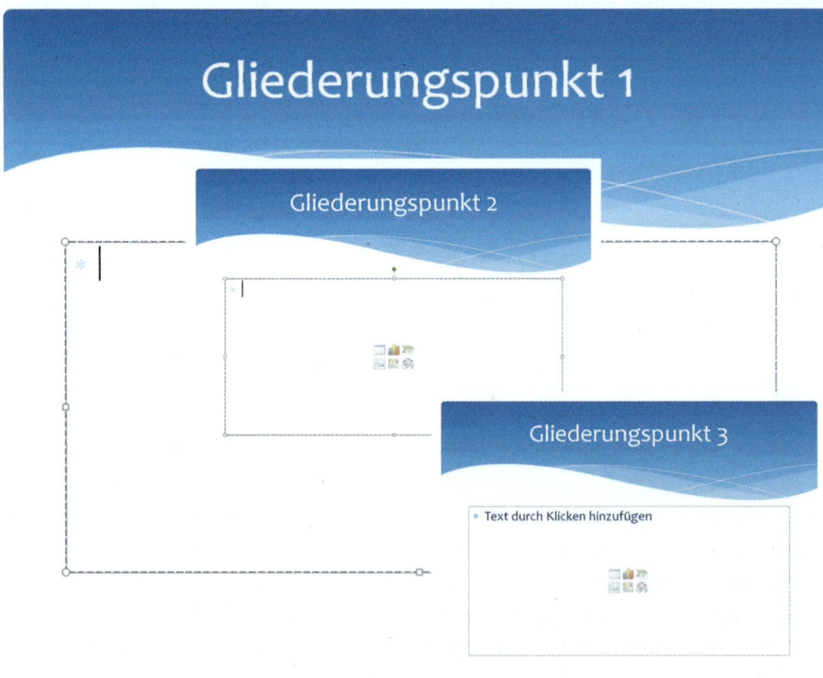

Musterfolien mit PowerPoint (Beispiel)

Hinweis zur Wirkung von Formen und Farben:
- Sachlich wirken eckige Formen und kühle Farben.
- Emotional hingegen wirken weiche Formen (z. B. Kreis, Ellipse) und warme Farben.

6.2.3 Texte und Schriften

Texte dienen dazu, Informationen zu vermitteln. Achten Sie jedoch darauf, nicht zu viele Informationen auf eine Folie zu bringen. Reduzieren Sie den Text auf einige prägnante Schlagworte oder kurze (Halb-)Sätze, die vom Publikum schnell erfasst und Ihren Worten zugeordnet werden können. Hierbei gilt die sogenannte 20-Sekunden-Regel, d. h., der Inhalt einer Folie muss in maximal 20 Sekunden verstanden werden. So vermeiden Sie, dass alle Anwesenden nur noch lesen, anstatt Ihnen richtig zuzuhören.

Für die Textmenge je Folie existieren verschiedene Faustregeln. So besagt z. B. die sogenannte 7x7-Regel, dass pro Folie maximal sieben Aufzählungspunkte mit jeweils höchstens sieben Wörtern enthalten sein dürfen. Für die Darstellung einfacher Zusammenhänge wird hingegen häufiger auf die 4x4-Regel verwiesen, d. h. auf die Einteilung in vier Zeilen à maximal vier Wörter. Diese Werte sind für eine Orientierung sicher hilfreich, bedenken Sie aber, dass Ihre Präsentation abwechslungsreich gestaltet sein muss, um das Interesse Ihrer Zuhörerinnen und Zuhörer aufrechtzuerhalten.

Schriftart, Schriftgröße, Schrift- und Hintergrundfarbe

Art, Größe und Farbe der Schrift sind so zu wählen, dass das Publikum der Präsentation gut folgen und deren Inhalte schnell aufnehmen kann.

Hinweis:
Gut lesbare Schriften sind z. B. Times New Roman, Arial, Verdana und Calibri.

Die Größe der Schrift wird von der Raumgröße und der Projektionsfläche bestimmt. Dabei sollten die Texte auf den Folien auch für die Zuhörerinnen und Zuhörer in der letzten Reihe noch gut lesbar sein. Geeignete Schriftgrößen sind z. B.:

- Überschriften mindestens 32 Punkt (fett)
- Zwischenüberschriften 28 Punkt (fett)
- Texte auf der untersten Ebene nicht kleiner als 24 Punkt (Hervorhebungen fett)

Wichtige Hinweise für die Gestaltung von Texten und Schriften:

- Verwenden Sie nur eine oder maximal zwei verschiedene Schriftarten.
- Bleiben Sie bei einer einheitlichen Schriftfarbe.
- Nutzen Sie Formatierungen, um Textstellen hervorzuheben.
- Verwenden Sie einheitliche Schriftgrößen für Überschriften und Fließtexte.
- Achten Sie darauf, dass die Schrift gut lesbar ist und sich erkennbar vom Hintergrund abhebt. Es gilt der Grundsatz: Dunkle Schrift auf hellem Untergrund und umgekehrt (vgl. nachfolgende Gestaltungsbeispiele).

Entfernen von Aufzählungszeichen: Unerwünschte Aufzählungszeichen im Text entfernen Sie über *Start* → *Absatz* → Symbol *Aufzählungszeichen* anklicken → Einstellung *Ohne*.

Wirkung von Schrift- und Hintergrundfarben

6.2.4 Bilder

> **Hinweis:**
> Achten Sie auf eine ausreichend große Platzierung der Bilder. Sie müssen auch aus der letzten Reihe noch gut zu erkennen sein.

Die Verwendung sorgfältig ausgewählter Bilder im Rahmen einer Präsentation bietet unter anderem folgende Vorteile:

- Bilder erzeugen Aufmerksamkeit und fesseln sofort das Interesse des Publikums.
- Sie gewährleisten eine schnelle Informationsaufnahme.
- Sie vermitteln Emotionen und können motivierend wirken.
- Bilder prägen sich besser ein als lange Texte.

> **Tipp:**
> Hilfe bei der Bildersuche bieten Bilddatenbanken im Internet.

Um passende Bilder zu finden, die Ihre Präsentation sinnvoll unterstützen, achten Sie auf folgende Gesichtspunkte:

- Welche Aussage soll die Folie transportieren?
- Welches Bild eignet sich, um die Aussage interessant erscheinen zu lassen?

Bilder und Texte koppeln

> **Hinweis:**
> Achten Sie bei der Übernahme von Bildern unbedingt auf eventuell zu berücksichtigende Urheberrechte!

Text- und Bildkopplungen wirken sehr anschaulich. Durch die Untermalung mit inhaltlich passenden Bildern prägen sich wichtige Informationen und Aussagen besser ein. Wenn Sie in Ihrer Präsentation Texte und Bilder verknüpfen, können Sie die einzelnen Elemente auch nacheinander einblenden, um durch den langsamen Aufbau der Folie mehr Spannung zu erzeugen.

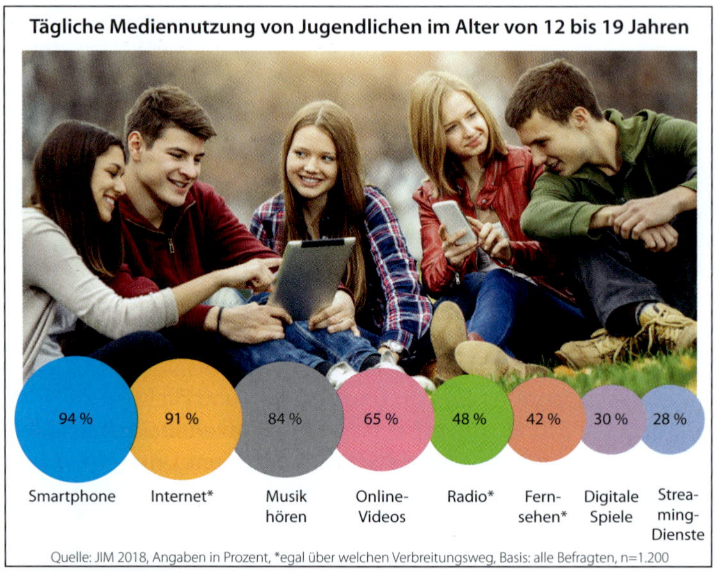

Statistische Daten mit Bild

Zitat mit Bild

Bilder/Piktogramme in Diagramme einbinden

Zahlen, Daten und Fakten in Präsentationen dienen einerseits informativen Zwecken, eignen sich aber auch, um Ihre Argumentation zu stützen. Kleine, inhaltlich passende Bilder oder Piktogramme helfen dabei, Diagramme attraktiver zu gestalten.

Piktogramm = Symbol, das durch vereinfachte grafische Darstellung eine bestimmte Information vermittelt

Sie können über Ihr PC-Programm im Menü *Einfügen → Illustrationen* verfügbare Bilder, Formen und Piktogramme verwenden oder auch selbst erstellte bzw. im Internet recherchierte Fotos oder Symbolbilder einbauen, die Sie zuvor auf Ihrem Computer abgespeichert haben. Die gewünschte Grafik muss anschließend nur noch sinnvoll auf dem vorbereiteten Dokument, z. B. einem Diagramm, platziert werden.

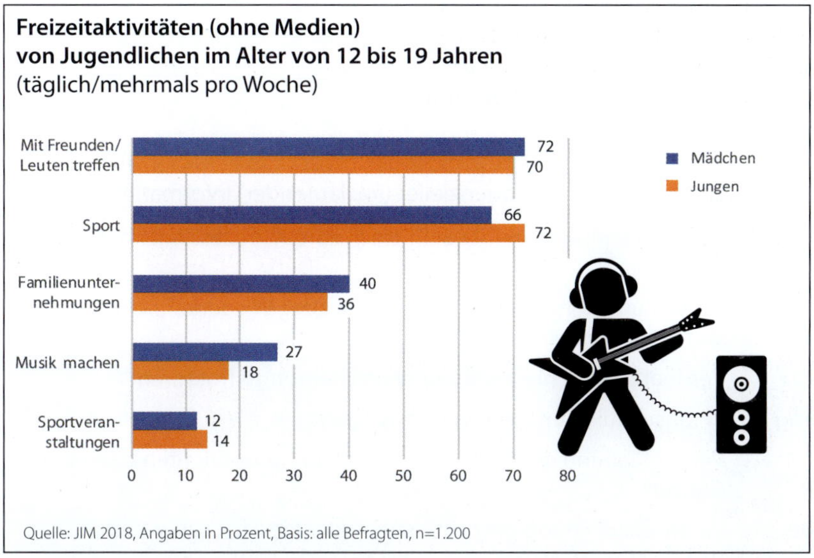

Balkendiagramm mit Piktogramm

Beispiele für selbst entworfene Piktogramme:

6.2.5 Videos

Mit eingebundenen Video- und Audiodateien können Sie Ihre Präsentation noch abwechslungsreicher gestalten. Allerdings sollten Sie Videos nur dann einbinden, wenn diese Ihre Kernaussagen bzw. Argumentationen exakt und tiefgründig unterstützen. Bedenken Sie außerdem, dass es beim Einbinden von Online-Videos zum Teil zu Kompatibilitätsproblemen kommen kann und unbedingt die entsprechenden Urheberrechte sowie Datenschutzrichtlinien berücksichtigt werden müssen. Besser ist es deshalb, Sie haben ein eigenes Video aufgenommen und dieses auf Ihrem PC hinterlegt.

Hinweis:
Beachten Sie bei der Verknüpfung Ihres Videos:
- Ihre Präsentation und das Video müssen im gleichen Ordner liegen.
- Suchen Sie sich dafür einen Ordner auf einem Datenträger aus.

Einbinden von Videos mit PowerPoint

Bereiten Sie eine neue Folie vor, auf der Sie das Video einfügen wollen. Dann können Sie über *Einfügen → Medien → Video* Ihr Video heraussuchen und verknüpfen. Die Größe lässt sich durch Ziehen der Eckpunkte des Markierungsrahmens problemlos anpassen. Außerdem können Sie über einen Rechtsklick auf das Video → *Video formatieren* Einstellungen nachträglich ändern und über → *Starten* auswählen, ob das Video automatisch oder per Mausklick abgespielt werden soll. Auch Ergänzungen lassen sich problemlos vornehmen, so lässt sich z. B. über *Einfügen → Formen* ein Blockpfeil positionieren, um auf eine Besonderheit hinzuweisen.

Hinweis:
Sie können die Dateigröße, der in Ihrer PowerPoint-Präsentation verwendeten Video- und Audiodateien, auch komprimieren. Leider hat dies Auswirkungen auf die Qualität. Über *Datei → Medien komprimieren* haben Sie die Möglichkeit, unterschiedliche Präsentationsqualitäten auszuwählen.

Typen von SmartArt-Grafiken (Auswahl):

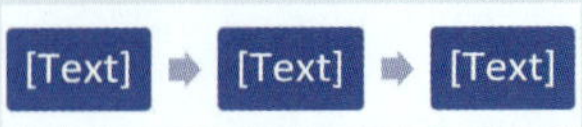

Prozess (einfacher Prozess)

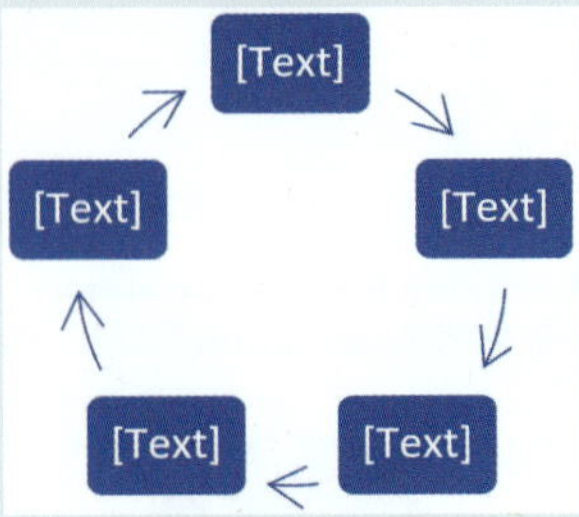

Zyklus (Blockkreis)

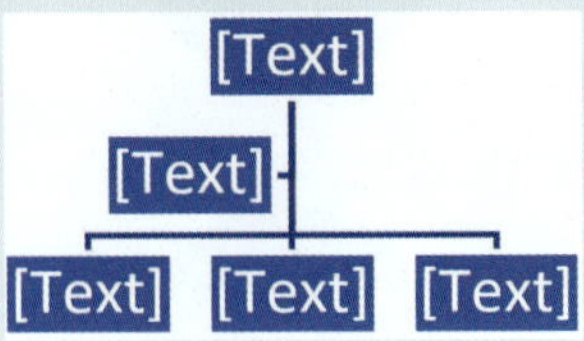

Hierarchie (Organigramm)

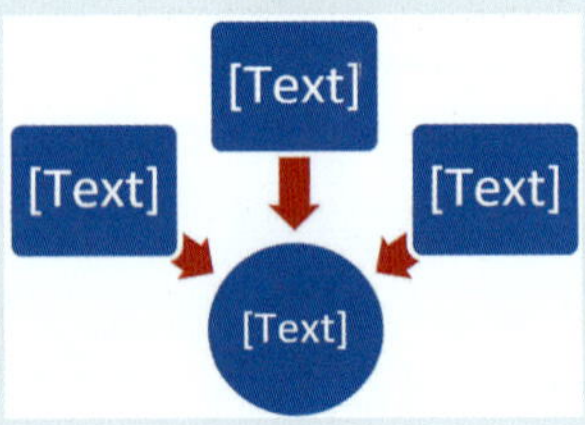

Beziehung (zusammenlaufendes Radial)

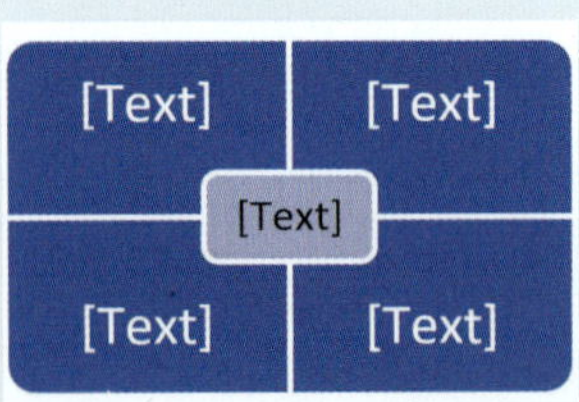

Matrix (betitelte Matrix)

6.2.6 SmartArts

SmartArt-Grafiken können mithilfe unterschiedlicher Computerprogramme (z. B. Word, Excel, PowerPoint) erstellt und bei Bedarf als Bild in andere Programme kopiert werden. Diese visuellen Darstellungen helfen Ihnen, Ihre Informationen und Ideen grafisch aufbereitet, gut strukturiert und übersichtlich zu vermitteln.

Über das Menü *Einfügen → SmartArt* erhalten Sie eine Auswahl möglicher Grafiklayouts. Überlegen Sie, welche der angezeigten Darstellungen Ihre Informationen am besten veranschaulicht. Da Sie schnell und problemlos zwischen verschiedenen SmartArt-Grafiken wechseln können, bietet es sich an, verschiedene Darstellungsformen einfach auszuprobieren.

SmartArt-Typen und ihre jeweilige Eignung:

SmartArt	geeignet für
Liste	Darstellung nicht sequenzieller (fortlaufender) Informationen
Prozess	Verdeutlichung einzelner Schritte in einem Prozess oder auf einer Zeitachse
Zyklus	Darstellung kontinuierlicher Prozesse bzw. Wiederkehr eines Verlaufs/einer Entwicklung
Hierarchie	Verdeutlichung hierarchischer Entscheidungsstrukturen
Beziehung	Veranschaulichung von Verbindungen
Matrix	Verdeutlichung der Beziehung einzelner Komponenten zu einem Ganzen
Pyramide	Veranschaulichung proportionaler oder hierarchischer Beziehungen (größte/kleinste Komponente)
Grafik	Hervorhebung markanter Inhalte/Informationen durch Einbindung von Bildern

Die von Ihnen ausgewählten SmartArts können Sie nach dem Einfügen beschriften und bei Bedarf auch eigenständig verändern. So können Sie markierte Bestandteile der Grafik (z. B. Textfelder, Pfeile) verschieben oder in der Größe anpassen. Auch Farben, Schriften und Füllungen lassen sich individuell gestalten.

Erstellen von SmartArts mit PowerPoint

Fügen Sie zunächst über *Datei → Neu* eine Folie mit dem gewünschten Layout ein. Formulieren Sie eine Überschrift und Textaufzählungen. Um diese in eine SmartArt-Grafik zu konvertieren, markieren Sie den Textrahmen bzw. alle Textzeilen und lassen sich die entsprechende Darstellung des Textes über *Start → Absatz → In SmartArt konvertieren* als Vorschau anzeigen, indem Sie mit dem Mauszeiger über die einzelnen Varianten fahren. Über *SmartArt-Design* bzw. *SmartArt-Tools* können Sie nun unter verschiedenen Layouts wählen und die Grafik Ihren Wünschen anpassen (z. B. Größe und Anordnung der Elemente, Farben ändern etc.).

Aufgabe:

- Erläutern Sie, unter welchen Gesichtspunkten eine SmartArt-Grafik oder ein Diagramm besser zur Darstellung bestimmter Informationen geeignet ist als eine Aufzählung.

6.2.7 Zusammenfassung und Tipps

Grundregeln für die Arbeit mit Präsentationsprogrammen:

- Verwenden Sie Standardlayouts oder erstellen Sie ein eigenes Gestaltungsraster.
- Begrenzen Sie den Inhalt auf den Folien auf das Wichtigste.
- Nutzen Sie Weißraum (Leerraum).
- Achten Sie auf ein einheitliches Aussehen und eine übersichtliche Gestaltung Ihrer Folien (z. B. Aufzählungen in Stichworten, Tabellen).
- Platzieren Sie Elemente, die zusammengehören, nebeneinander.
- Achten Sie auf eine zweckmäßige Farbgestaltung.
- Verändern Sie die Größe bzw. Farbe von Symbolen und Formen, um Abstufungen oder Gegensätze deutlich zu machen.
- Nutzen Sie Bilder, Piktogramme, Formen, Videos oder SmartArts, um Aufmerksamkeit zu wecken und um wichtige Informationen einprägsam zu vermitteln.
- Verwenden Sie Animationseffekte nur sparsam.
- Nutzen Sie für das Wechseln Ihrer Folien eine Fernbedienung.
- Blenden Sie Ihre Folien bewusst für eine kurze Zeit aus, dann richtet sich die ganze Aufmerksamkeit der Zuhörerinnen und Zuhörer sofort auf Sie.

Tipp:
Schalten Sie technische Geräte rechtzeitig vor Ihrer Präsentation ein und überprüfen Sie ihre Funktionsfähigkeit.

Tipps für die Arbeit mit PowerPoint:

- Legen Sie ein Back-up Ihrer Präsentation und Ihrer Videos in einer Cloud ab. Hierfür stehen ihnen zahlreiche Online-Plattformen zur Auswahl. Über *Datei → Speichern unter* können Sie Ihre Präsentation in einer ausgewählten Cloud ablegen. Um diese Dienste nutzen zu können, müssen Sie sich vorher registrieren. Damit sind Ihre Dateien nicht nur auf Ihrer lokalen Festplatte gespeichert, sondern auch in einer „Datenwolke" (englisch: Cloud), auf die Sie von überall zugreifen können.
- Gemeinsames Arbeiten an einer Präsentation wird durch verschiedene Programmfunktionen möglich. Über *Datei → Freigeben → Für Personen freigeben* wird Ihre Präsentation zunächst in einer Cloud abgelegt. Anschließend können Sie in der Bearbeitungsansicht unter verschiedenen Freigabemöglichkeiten wählen und entsprechende Eintragungen vornehmen. Hilfreich für eine Zusammenarbeit sind dabei die Kommentar- und Vergleichsfunktionen in der Registerkarte *Überprüfen*.
- Über *Datei → Exportieren → Handzettel erstellen* können Sie Ihre Folien an Word übergeben. Wenn Sie an Ihrem Vortragsmanuskript schreiben, lassen sich über diese Funktion Stichpunkte und Ergänzungen zu den einzelnen Folien eintragen.
- Über *Datei → Exportieren → PDF/XPS-Dokument erstellen* können Sie Ihre Präsentation in ein PDF-Dokument umwandeln. PDF-Dateien haben den Vorteil, dass sie auf jedem Computer gleich aussehen, nicht mehr so einfach verändert und leicht per E-Mail versendet werden können. Allerdings werden Animationen und Effekte nicht mit konvertiert.

Back-up = Sicherungskopie

Cloud-Computing = Bereitstellung und Nutzung von IT-Infrastruktur über das Internet (z. B. Speicherplatz, Rechenleistung oder Software)

Zu guter Letzt: Denken Sie trotz aller technischen Möglichkeiten daran, dass Ihre Präsentation nur überzeugen kann, wenn Sie selbst überzeugt und gut vorbereitet sind und wenn Sie Ihr Publikum für Ihr Thema interessieren und begeistern möchten. Ob Sie Ihren Vortrag völlig frei oder mithilfe von PowerPoint, Prezi oder einem Flipchart halten, spielt dabei nicht die entscheidende Rolle.

Aufgabe:

■ Testen Sie die Wirkung Ihrer fertigen Folien aus Zuschauerdistanz: Ist alles gut zu erkennen? Sind die Folien übersichtlich und einheitlich gestaltet? Erfüllt jede Folie ihren Zweck im Gesamtvortrag? Stimmt die Reihenfolge?

6.3 Das Halten der Präsentation

6.3.1 Inhaltlicher Ablauf

Ablauf der Präsentation (Übersicht):

Sagen Sie zu **Beginn**, was Sie sagen werden.

↓

Im **Hauptteil**, was Sie zu sagen haben.

↓

Am **Schluss** in einer Synthese sehr kurz, was Sie gesagt haben.

Beginnen Sie Ihre Präsentation mit einer freundlichen Begrüßung der Anwesenden und stellen Sie sich kurz vor. Nennen Sie mit einem treffenden Satz Ihr Vortragsthema und zeigen Sie die erste Folie oder Flipchart-Seite. Sie können natürlich auch mit einem Bild, einem Zitat, einer Anekdote oder einer kleinen Geschichte, die Sie erzählen, beginnen. Dadurch gelingt es Ihnen, die Aufmerksamkeit der Zuhörerinnen und Zuhörer zu wecken und eine Verbindung zu ihnen aufzubauen.

Ist das Interesse des Publikums erst einmal geweckt, können Sie den Anwesenden zur Orientierung einen kurzen Überblick über den Aufbau Ihres Vortrags geben, bevor Sie mit den inhaltlichen Ausführungen zum Hauptteil beginnen.

Achten Sie auf eine logische Struktur und klare Gliederung Ihrer Präsentation. Durch Ihren Vortrag sollte sich, ebenso wie durch Ihre Facharbeit, der berühmte „rote Faden" ziehen (vgl. S. 56). So können Ihre Zuhörerinnen und Zuhörer Ihnen gut folgen und sich den dargebotenen Inhalt besser einprägen. Formulieren Sie Ihre Aussagen eindeutig und bauen Sie Ihre Argumentationen und Schlussfolgerungen so auf, dass sie schlüssig und für jeden nachvollziehbar sind (vgl. hierzu auch Kapitel 6.3.3).

Kündigen Sie das Ende Ihrer Rede vorher an und überlegen Sie sich bereits vorab einen treffenden letzten Satz. Studieren Sie dessen genauen Wortlaut ein, damit Sie Ihren Vortrag professionell abrunden und einen guten letzten Eindruck hinterlassen.

Der Schlusssatz sollte klar und eindeutig formuliert werden. Sie könnten z. B.:
- auf den Beginn Ihrer Präsentation zurückkommen
- einen Ausblick auf die Zukunft geben
- eine These für die anschließende Diskussion in den Raum stellen
- sich auf eine passende Karikatur, ein Zitat oder eine Lebensweisheit beziehen

6.3.2 Erscheinungsbild, Körpersprache und Sprechweise

Hinweis:
Die Wirkung einer Rede wird durch folgende Faktoren beeinflusst:
- nonverbale Kommunikation (Körpersprache/Erscheinungsbild): ca. 50 %
- paraverbale Kommunikation (Sprechweise/Stimme): ca. 40 %
- verbale Kommunikation (gesprochenes Wort/Inhalt): ca. 10 %

Für den ersten Eindruck gibt es keine zweite Chance. Unabhängig von Inhalt, Struktur und Darstellungsform Ihrer Präsentation werden Sie von den Zuhörerinnen und Zuhörern nach folgenden Kriterien beurteilt:
- Erscheinungsbild (Aussehen)
- Körpersprache (Gestik, Mimik, Körperhaltung, Blickkontakt)
- Sprechweise (verwendete Sprache, Klang Ihrer Stimme usw.)

Tipps für ein gelungenes Erscheinungsbild:
- Kleiden Sie sich dem Anlass entsprechend. Dabei muss es natürlich nicht der dunkle Anzug oder ein eleganter Blazer sein. Eine gepflegte Jeans mit einem T-Shirt von guter Qualität kann ebenfalls professionell wirken. Wichtig ist, dass Sie sich wohlfühlen, dass die Kleidung gut sitzt und nicht zu ausgefallen erscheint.
- Achten Sie auf ein gepflegtes Äußeres, um einen guten Eindruck zu machen (z. B. gewaschene Haare, gepflegte Fingernägel, saubere Kleidung).
- Tragen Sie nur Dinge, die Ihnen Sicherheit verleihen und vermeiden Sie alles, was von Ihrer Präsentation ablenkt (z. B. auffällige Accessoires, übertriebenes Make-up).

Tipps zur richtigen Körpersprache für Ihren Vortrag:
- Bleiben Sie während Ihrer Präsentation nicht steif auf einer Stelle stehen, laufen Sie aber auch nicht ständig hin und her. Wenn Sie sich bewegen, muss dies einem Zweck dienen, z. B. indem Sie auf Details einer angezeigten Folie verweisen und diese näher erläutern. Kommt eine Frage aus dem Publikum, gehen Sie ein paar Schritte in diese Richtung. So signalisieren Sie Aufmerksamkeit.
- Führen Sie sämtliche Bewegen bedacht und nicht hektisch aus.
- Halten Sie den Körper aufrecht, lassen Sie die Schultern locker und achten Sie auf eine gute Bodenhaftung.
- Stehen Sie frei und stützen Sie sich nicht an Tischen oder Wänden ab.
- Achten Sie darauf, Ihre Gestik im positiven Bereich zu halten, d. h., die Hände müssen immer sichtbar sein.
- Halten Sie Blickkontakt und schauen Sie Ihre Zuhörerinnen und Zuhörer direkt an – so vermitteln Sie Sicherheit, Aufrichtigkeit und fachliche Kompetenz.

Körpersprache = älteste Form der zwischenmenschlichen Verständigung, auch nonverbale Kommunikation genannt. Zu ihren wichtigsten Elementen gehören:
- **Gestik** = die Rede begleitende Gebärden, insbesondere Bewegungen der Hände, Arme und des Kopfes
- **Mimik** = sichtbare Bewegung der Gesichtszüge (spiegelt die persönliche Verfassung wider)
- **Körperhaltung** = Stellung des menschlichen Körpers (Ausdruck von Gefühlen und persönlichen Befindlichkeiten)
- **Blickkontakt** = wechselseitiger Blick in die Augen (gibt Hinweise auf die Art der Beziehung)

Tipps zur richtigen Sprechweise und Sprache für Ihren Vortrag:
- Passen Sie die Lautstärke an die räumlichen Gegebenheiten an. Das heißt, sprechen Sie nicht zu laut, aber dennoch laut genug, dass auch Zuhörerinnen und Zuhörer in der letzten Reihe Sie gut verstehen können. Bei Unruhe oder Störungen sollten Sie den Vortrag gegebenenfalls kurz unterbrechen.
- Wählen Sie ein angemessenes Sprechtempo. Zu schnelles Sprechen erschwert das Verständnis, zu langsames Sprechen ermüdet die Zuhörerinnen und Zuhörer.
- Achten Sie auf eine deutliche und gut verständliche Sprechweise (Artikulation) und verschlucken Sie keine Silben.
- Sprechen Sie in kurzen, einfachen Sätzen.
- Verzichten Sie auf Floskeln oder überflüssige Füllwörter.
- Legen Sie Sprechpausen ein, wenn das Publikum Zeit zum Verarbeiten von Informationen benötigt. Auch bei Satzzeichen, Absätzen oder neuen Gedankengängen sollten Sie den Beginn neuer Inhalte durch entsprechende, kleine Pausen deutlich machen.
- Nutzen Sie die Modulationsfähigkeit Ihrer Stimme als Instrument, Ihren Vortrag abwechslungsreich zu gestalten. Ändern Sie bewusst Tempo, Betonung, Stimmlage und Lautstärke, um z. B. bestimmte Fakten einprägsam zu vermitteln oder wichtige Punkte hervorzuheben.
- Halten Sie den Vortrag auf Hochdeutsch, da landestypische Dialekte nicht immer für jeden verständlich sind.
- Die Verwendung von fremdsprachigen Wörtern oder Fachbegriffen ist themenabhängig und lässt sich nicht immer ganz vermeiden. Achten Sie jedoch darauf, unbekannte Begriffe zu erläutern und generell eine Sprache zu wählen, die vom Publikum auch ohne besondere Vorkenntnisse gut verstanden wird.

Tipp:
Vermeiden Sie es, Ihren Vortrag abzulesen, ins Leere zu starren oder ständig auf Ihre Aufzeichnungen oder Visualisierungen zu schauen. Wenn Sie Ihren Blick auf Ihre Präsentationsmaterialien richten, dann nur, um auf ein Detail oder eine Besonderheit hinzuweisen.

Floskel = eine häufig gebrauchte, inhaltlich leere Formulierung (z. B. „wie schon gesagt", „sozusagen", „so gesehen", „ein Stück weit")

Füllwort = Wort mit geringem Aussagewert, das zum Textverständnis nicht notwendig ist (z. B. in der gesprochenen Sprache: „also", „eigentlich", „ja", „ähm")

Aufgaben:

1. Das persönliche Erscheinungsbild und die individuelle Körpersprache sind ein wichtiger Baustein für den Erfolg einer Präsentation. Stellen Sie sich ein für Sie passendes Outfit für Ihre Präsentation zusammen und studieren Sie die Wirkungsweise Ihrer Körperhaltung, Gestik und Mimik vor dem Spiegel.

2. Nehmen Sie Ihren Vortrag probehalber mit einem Mikrofon oder per Video auf, um die Wirkung Ihrer Sprechweise und das Sprechtempo zu überprüfen. Wenn Ihnen Ihre Redeweise zu langsam vorkommt, ist das Tempo für die Zuhörerinnen und Zuhörer meist richtig, da diese nicht über dasselbe Faktenwissen verfügen wie Sie und das Gehörte erst verarbeiten müssen.

Tipp:
Trinken Sie vor Beginn Ihrer Präsentation ausreichend Wasser und lockern Sie Ihre Gesichtsmuskulatur (z. B. durch Gähnen oder Lächeln). So fällt Ihnen das Sprechen leichter und Ihre Stimme klingt automatisch weicher und angenehmer.

6.3.3 Argumentationsaufbau und rhetorische Stilmittel

Argumentationsaufbau

Argumentationen sind hilfreich, um Problemfragen zu klären oder um andere von einer Meinung zu einem bestimmten Sachverhalt zu überzeugen. Eine Argumentationskette hat folgenden grundlegenden Aufbau:

These (Behauptung) → Argument (Begründung) → Beispiel → Folgerung

Folgende Argumentationsketten können für Sie eine Anregung sein, Ihre Ausführungen logisch darzulegen und zu begründen.

a) Einfache Argumentation (lineare Argumentation):

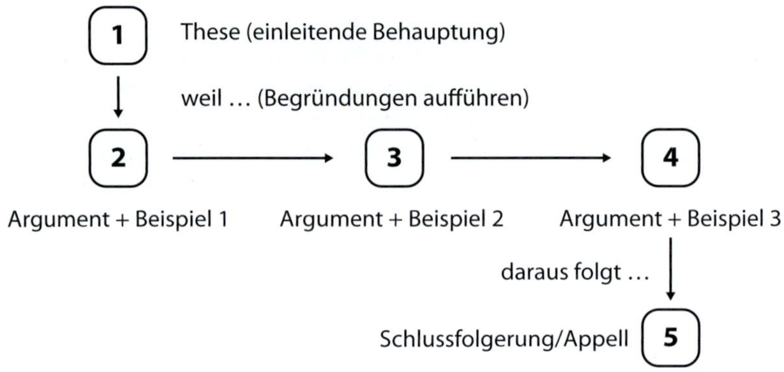

Hierbei handelt es sich um eine lineare Argumentation für oder gegen eine bestimmte These. Es erfolgt kein Abwägen der verschiedenen Positionen, alle Argumente dienen zur Stützung desselben Sachverhalts.

b) Gegenüberstellung von Pro- und Kontra-Argumenten (dialektische Argumentation):

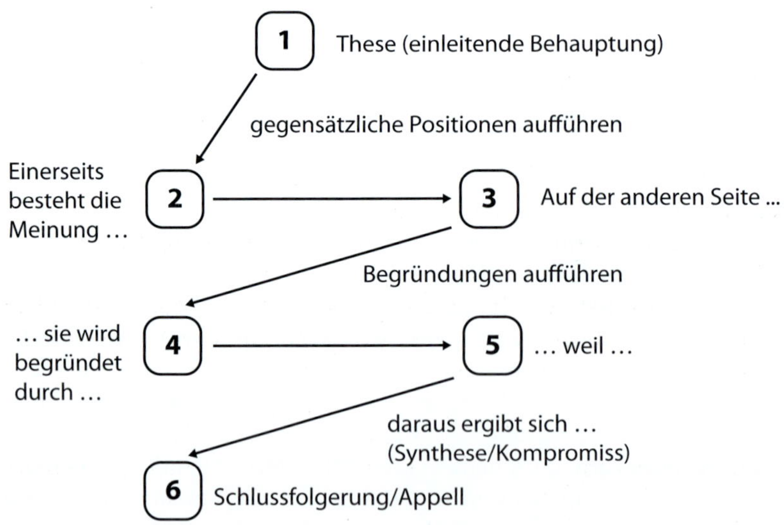

Typen von Argumenten (Auswahl):

- **Faktenargument:** Verweis auf wissenschaftliche Forschungsergebnisse, Zahlen, Statistiken
- **Autoritätsargument:** Berufung auf anerkannte Persönlichkeiten
- **analogisierendes Argument:** Verweis auf ähnliche Fälle aus anderen Lebensbereichen
- **indirektes Argument:** Stützung der eigenen These durch negative Darstellung der Gegenposition
- **logisches Argument:** Verweis auf ursächliche Zusammenhänge
- **normatives Argument:** Bezug auf in einem Kulturkreis gültige Normen, Wertevorstellungen, Gesetze
- **empirisches Argument:** basierend auf allgemeinen oder selbst gemachten Erfahrungen

Tipp:
Besonders wirkungsvoll ist Ihre Argumentation, wenn Sie zuerst ein schwaches Argument bringen, dann ein stärkeres folgen lassen und am Ende Ihr stärkstes Argument aufführen.

Hinweis:
Stützen Sie die aufgeführten Argumente durch konkrete Beispiele, Erläuterungen oder Belege. Nennen Sie je These nicht mehr als vier Argumente. Zum Teil genügt sogar ein einziges stichhaltiges Argument, um Ihren Standpunkt zu begründen.

Zur Beantwortung einer offenen Fragestellung werden gegensätzliche Positionen einander gegenübergestellt. Die jeweiligen Argumente werden erläutert, gegeneinander abgewogen und die Argumentation mit einer entsprechenden Schlussfolgerung abgerundet.

c) Argumentation vom Allgemeinen zum Besonderen:

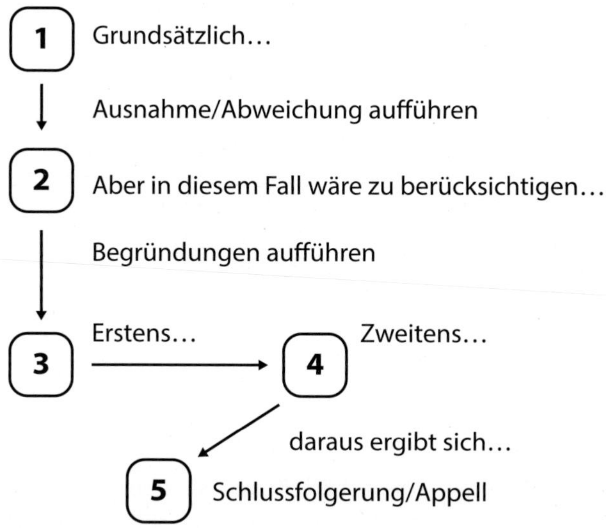

Einer allgemein gültigen und begründeten Aussage werden Ausnahmen oder Abweichungen gegenübergestellt. Diese werden erläutert und begründet und das Ganze mit einer Schlussfolgerung abgerundet.

Wortwahl und rhetorische Stilmittel

Die Wortwahl beeinflusst in hohem Maße Ihre Botschaft: So helfen z. B. Verben Dynamik auszudrücken, während Adjektive die Vorstellungskraft Ihrer Zuhörerinnen und Zuhörer anregen und Emotionen ansprechen.

Tipp:
Verwenden Sie in Ihrem Vortrag kurze, präzise Sätze und vermitteln Sie klare Aussagen. Lange und verschachtelte Sätze erschweren das Verständnis.

Vermeiden Sie schwierige Wörter und inhaltsleere Floskeln. Setzen Sie stattdessen gezielt rhetorische Stilmittel ein, z. B.:

- Wiederholungen, um Wichtiges deutlich herauszustellen
- Inversionen, um bedeutungstragende Wörter in den Vordergrund zu rücken
- Aufzählungen, um zügig mehrere Argumente gleichzeitig aufzuführen
- Klimax und Antiklimax, um Spannung zu erzeugen
- Ironie, um Humor einzustreuen und ein ansonsten eher trockenes Fachthema aufzulockern
- Antithesen, um gegensätzliche Standpunkte zu einem Sachverhalt darzustellen
- Parallelen, um Neues durch Beispiele aus dem Erfahrungsbereich Ihrer Zuhörerinnen und Zuhörer zu veranschaulichen

rhetorische Stilmittel = sprachliche Werkzeuge, um eine bestimmte Sprachwirkung zu erzielen (z. B. wichtige Inhalte besonders verständlich machen; Aussagen Nachdruck verleihen)

Aufgaben:

1. „Morgens pauken – abends schuften". Entwerfen Sie eine Argumentationskette zum Thema: Spagat zwischen Schule und Job.

2. Informieren Sie sich über weitere geeignete rhetorische Stilmittel.

Tipp:
Bemühen Sie sich, Ihr Zeitlimit auszuschöpfen, aber überziehen Sie Ihren Vortrag nicht. Streben Sie stattdessen 95 % des Ihnen zur Verfügung stehenden Zeitraumes an; es wirkt sich sicherlich nicht negativ aus, wenn Sie ein bisschen früher aufhören. Meistens sind Präsentationen eher zu lang und laufen damit Gefahr, das Publikum zu ermüden.

Tipp:
Gehen Sie mit Pannen während Ihres Vortrags locker um, denn Fehler können nun einmal passieren. Werden Sie nicht hektisch, wenn etwas nicht gleich funktioniert und auch ein Versprecher ist keine Katastrophe. Sollten Sie versehentlich einen Abschnitt vergessen haben, gehen Sie souverän darüber hinweg – vielleicht lässt sich der vergessene Gesichtspunkt später an anderer Stelle noch sinnvoll einbringen.

6.3.4 Zusammenfassung und Tipps

Unverzichtbar für einen gelungenen Auftritt: positive Ausstrahlung, aufrechte Körperhaltung und Blickkontakt zum Publikum

- Informieren Sie Ihr Publikum über die Grobstruktur Ihrer Präsentation (Gliederung/Kernelemente).
- Lesen Sie nicht vor, sondern halten Sie Ihren Vortrag möglichst frei. Verwenden Sie gegebenenfalls Karteikarten mit Stichworten als Gedankenstütze.
- Halten Sie Ihre Präsentation möglichst strukturiert und verständlich. Achten Sie auf eine klare Gedankenführung und einen logischen Argumentationsaufbau.
- Setzen Sie Hilfsmittel (z. B. Bilder, Grafiken, Anschauungsmaterialien) gezielt ein, um Ihre Aussagen visuell zu unterstützen.
- Halten Sie Blickkontakt – achten Sie einerseits auf Nähe, aber auch auf eine professionelle Distanz zum Publikum.
- Schaffen Sie eine positive Atmosphäre: Treten Sie freundlich und selbstbewusst auf (aufrechte Körperhaltung, ruhige Bewegungen), sprechen Sie optimistisch, humorvoll, vermitteln Sie positive Energie (Mimik/Gestik) und wirken Sie glaubhaft.
- Sprechen Sie deutlich und in einfachen, kurzen Sätzen.
- Variieren Sie Ihre Sprechweise (z. B. Stimme, Artikulation, Lautstärke, Vortragsgeschwindigkeit).
- Zeigen Sie Begeisterung! Nutzen Sie dafür einen wechselnden Tonfall und eine treffende Wortwahl.
- Setzen Sie gezielt rhetorische Stilmittel ein und vermeiden Sie Floskeln und Füllwörter.
- Erläutern Sie Fremdwörter und Fachbegriffe und räumen Sie Ihren Zuhörerinnen und Zuhörern kleine Pausen zum Verarbeiten umfangreicher Informationen ein (je schwieriger das Thema, desto mehr Pausen).
- Seien Sie aufmerksam und achten Sie auf Rückfragen und nonverbale Signale des Publikums. Daran erkennen Sie, wie Ihr Vortrag ankommt und ob die Zuhörenden Ihrer Argumentation gut folgen können.
- Meistern Sie kleine Pannen selbstbewusst mit einem „Augenzwinkern" und lassen Sie sich dadurch nicht verunsichern (siehe Randspalte).
- Teilen Sie eventuell vor – oder besser noch nach – dem Vortrag ein Handout oder Thesenpapier aus, auf dem Sie die Kernpunkte oder -thesen Ihres Vortrags schriftlich zusammenfassen (Umfang maximal eine DIN-A4-Seite).

Aufgabe:

■ Proben Sie das Halten Ihrer Präsentation zuerst allein und anschließend vor Freunden oder Verwandten und achten Sie dabei auch auf die Zeit. So gewinnen Sie Sicherheit. Inhaltliche Nachfragen und kritische Hinweise Ihres Test-Publikums sollten Sie ernst nehmen, da seitens der Prüfungskommission und Ihrer Mitschülerinnen und Mitschüler mit ähnlichen Kommentaren zu rechnen ist.

6.4 Diskussion und Disputation

An Ihren Vortrag kann sich eine Diskussion oder auch Disputation, ein wissenschaftliches Streitgespräch, anschließen. Dabei geht es darum, Zweifel und Einwände der Zuhörerinnen und Zuhörer gegenüber Ihren inhaltlichen Darstellungen gemeinsam zu besprechen und eine Lösung herbeizuführen.

Dem Publikum wird so eine Gelegenheit gegeben, mit Ihnen, als Spezialist/-in auf dem vorgestellten Wissensgebiet, direkt über Inhalte Ihrer Präsentation zu diskutieren. Sie sollten damit rechnen, dass Rückfragen aufkommen und die von Ihnen dargestellten Sachverhalte kritisch hinterfragt werden. Auch aufgestellte Gegenthesen sind nicht auszuschließen.

Sehen Sie eine rege Diskussion im Anschluss an Ihre Präsentation als Kompliment: Sie ist der Beweis dafür, dass Sie es geschafft haben, das Interesse des Publikums an Ihrem Thema zu wecken. Außerdem können Sie diese Diskussionsrunde als Chance sehen, Inhalte zukünftig noch besser zu vermitteln, denn Sie nehmen aktiv daran teil und profitieren direkt vom Feedback der anderen.

Bereiten Sie sich auf die Diskussion gut vor, da hier schnell deutlich wird, ob Sie Ihr Thema wirklich differenziert bearbeitet und inhaltlich durchdrungen haben. Versuchen Sie, mögliche Einwände und Nachfragen des Publikums vorherzusehen, damit Sie auch auf kritische Äußerungen eingehen und diese überzeugend beantworten können. Eine souverän geführte Diskussionsrunde bietet Ihnen die Gelegenheit, eventuelle Schwächen Ihrer Präsentation wieder wettzumachen und mit einem guten Eindruck abzuschließen.

Wichtige Hinweise und Tipps für die Diskussion:

- Moderieren Sie die Diskussion.
- Eröffnen Sie die Gesprächsrunde, indem Sie die Zuhörerinnen und Zuhörer auffordern, Fragen zu stellen (z. B. „Zu welchen Teilaspekten haben Sie Fragen?", „Gibt es inhaltliche Rückfragen oder Anmerkungen?").
- Wer redet, führt das Gespräch.
- Haben Sie Mut und stehen Sie zu Ihrer Meinung.
- Je tiefgründiger Sie sich in der Thematik auskennen, umso leichter wird es Ihnen fallen, Einwände auszuhebeln.
- Fordern Sie auch zurückhaltendere Teilnehmerinnen und Teilnehmer zur Meinungsäußerung auf.
- Diskutieren Sie kontroverse Punkte.
- Versuchen Sie, sich im Streitfall gemeinsam auf einen Kompromiss zu einigen.
- Gehen Sie besonders auf die Beiträge ein, die über die Inhalte Ihrer Präsentation hinausgehen.
- Stehen Sie dazu, wenn Sie etwas nicht wissen.
- Fassen Sie wichtige Ergebnisse am Ende noch einmal zusammen und halten Sie diese als Stichpunkte fest.
- Beenden Sie die Diskussion und bedanken Sie sich für die Aufmerksamkeit.

Aufgabe:

■ Diskussionen sind an eine bestimmte Form gebunden. Informieren Sie sich über die Diskussionsformen „Debatte" und „Plenumsdiskussion".

Tipp:
Um eine Diskussion zügig in Gang zu bringen, können Sie bereits während Ihres Vortrags auf bestimmte Teilaspekte verweisen, die anschließend noch näher erörtert werden können. Hierdurch vermeiden Sie unnötige Pausen nach dem Ende Ihrer Präsentation.

Hinweis:
Aus der Lernbiologie wissen wir, dass der Mensch durch Sehen, Hören und eigene Erarbeitung 90 % des dargebotenen Stoffes behält. Durch die rein passive Aufnahme sind es hingegen nur 50 %, die verinnerlicht werden.

7 Bewertungskriterien

Tipp:
Informieren Sie sich bereits vor Beginn Ihrer Arbeit über die Bewertungskriterien für Facharbeiten an Ihrer Schule. Sie sollten transparent und allen Schülerinnen und Schülern von Anfang an bekannt sein.

In der Regel erfolgt die Bewertung einer Facharbeit auf der Grundlage eines Kriterienkatalogs und durch ein schriftliches Gutachten. Trotz unterschiedlicher Schwerpunkte in den einzelnen Bundesländern werden die folgenden Kriterien allgemein akzeptiert:

Inhalt und Aufbau:
- Hypothesenbildung
- Beschreibung und Auswertung von Versuchen und Befragungen
- Darstellung und Diskussion der Ergebnisse
- Selbstständigkeit im Umgang mit dem Thema
- Strukturiertheit der inhaltlichen Auseinandersetzung
- Stringenz der Argumentation
- kritische Distanz zu eigenen Ergebnissen und Urteilen

Wissenschaftliche Arbeitstechniken:
- sinnvoller Einsatz von Fachliteratur
- Umfang und Gründlichkeit der Materialrecherche
- Souveränität im Umgang mit Materialien und Quellen
- Anwendung fachspezifischer Methoden (Versuche, Befragungen)
- korrekte Zitiertechnik

Sprache:
- Beherrschung der Fachsprache
- Verständlichkeit
- Differenziertheit des sprachlichen Ausdrucks
- sinnvolle Einbindung von Zitaten und Materialien
- grammatikalische Korrektheit
- Rechtschreibung und Zeichensetzung

Form:
- Vollständigkeit der Arbeit
- angemessene Veranschaulichung
- Sauberkeit und Übersichtlichkeit von Grafiken und des Schriftbilds
- Einhaltung der vereinbarten Schreibformate
- formale Korrektheit der Quellennachweise und des Literaturverzeichnisses

Gewichtung (Abweichungen möglich):
- Inhalt/Aufbau: 50 %
- wissenschaftliche Arbeitstechniken: 20 %
- Sprache/Stil: 20 %
- Form: 10 %

Allgemeingültige Grundsatzregeln:
- Eine Themenverfehlung führt generell zu einer Bewertung mit 0 Punkten.
- Sprache und Form können nicht unabhängig vom Inhalt und den wissenschaftlichen Arbeitstechniken eine positive Bewertung bewirken.
- Plagiate führen zu Punktabzügen und im schlimmsten Fall zu einer Bewertung mit 0 Punkten. Vermeiden Sie also direkte und indirekte Zitate ohne Quellenangabe.

Tipp:
Regelmäßige Absprachen mit der betreuenden Lehrkraft verhindern Themenverfehlungen.

Name der Schule
Schulstraße 2
12345 Musterstadt

Bewertung der Facharbeit

Verfasser/-in: ______________________ Klasse/Schuljahr: ______________
Fach: ______________________ Abgabedatum: ______________
Thema: ____
____
Fachlehrer/-in: ____

Gewichtung:	Inhalt/Methodik 70 %	Sprache/Stil 20 %	Form/Gestaltung 10 %	(= 100 %)
Erreichtes Ergebnis in %:				**Gesamt:**

Bemerkung zu inhaltlichen/methodischen Aspekten:
____
____
____

Bemerkung zu sprachlichen Aspekten:
____
____
____

Bemerkung zu formalen Aspekten:
____
____
____

Ergebnis: Die Facharbeit wird mit der Note ________ bewertet.

Ort/Datum ______________________

Unterschrift Verfasser/-in: Unterschrift Fachlehrer/-in: Kenntnisnahme der Eltern:

______________________ ______________________ ______________________

Formblatt zur Bewertung der schriftlichen Facharbeit (Beispiel)

Hinweis:
In vielen Bundesländern fließen die Präsentation und anschließende Diskussion in die Gesamtnote der Facharbeit mit ein (z. B. schriftliche Arbeit und mündliche Präsentation im Verhältnis 60:40).

Aufgabe:

- Untersuchen Sie eine bereits fertiggestellte Facharbeit nach den genannten Kriterien. Überlegen Sie, zu welcher Bewertung Sie gelangen würden.